# 新职力

## 塑造未来新质职业教育的六种力量

李骏翼 段世宁 李俊辉 朱至晶 杨丹 ◎ 著

中国出版集团
中译出版社

图书在版编目（CIP）数据

新职力：塑造未来新质职业教育的六种力量 / 李骏翼等著 . -- 北京：中译出版社，2025.3. -- ISBN 978-7-5001-8177-4

Ⅰ . G71

中国国家版本馆 CIP 数据核字第 2025ZB8935 号

## 新职力：塑造未来新质职业教育的六种力量
**XINZHILI: SUZAO WEILAI XINZHI ZHIYE JIAOYU DE LIU ZHONG LILIANG**

著　　者：李骏翼　段世宁　李俊辉　朱至晶　杨　丹
策划编辑：于　宇　田玉肖
责任编辑：田玉肖

出版发行：中译出版社
地　　址：北京市西城区新街口外大街 28 号 102 号楼 4 层
电　　话：（010）68002494（编辑部）
邮　　编：100088
电子邮箱：book@ctph.com.cn
网　　址：http://www.ctph.com.cn

印　　刷：固安华明印业有限公司
经　　销：新华书店
规　　格：710 mm×1000 mm　1/16
印　　张：15.75
字　　数：162 千字
版　　次：2025 年 3 月第 1 版
印　　次：2025 年 3 月第 1 次

ISBN 978-7-5001-8177-4　　　　　定价：79.00 元

版权所有　侵权必究
中 译 出 版 社

# 推荐序

## 与时俱进的职业教育

自工业革命以来,职业教育逐渐成为教育体系与产业系统深入交叉的特殊领域,其内涵不可避免地被不断补充和修正。1809年,威廉三世(William III,1650—1702)指令教育主管官员威廉·冯·洪堡(Wilhelm von Humboldt,1767—1835)进行教育改革,引入了职业教育概念和思想,如今已有215年之久。至于中国的职业教育,可以追溯到洋务运动时期:1866年,清政府成立福州船政学堂以培养造船、航海方面的专业人才,开创了中国的第一所职业学校。1917年,黄炎培联合48名社会知名人士在上海创立中华职业教育社,被普遍认为是近现代中国职业教育的重要创始人和理论家。20世纪下半叶,中国的职业教育成为支持工业化进程,建立新型产业工人队伍的重要推动力。

进入21世纪,科学技术创新不断加速,特别是在信息革命、知识革命、互联网革命,以及当下的智能革命相互作用下,职业教育在经济活动和教育体系中的地位越来越重要,职业教育的形态和模式也面临着深刻的变革。2019年，摩根大通向"工作新技能"（New Skills at Work）计划投资3.5亿美元，旨在为金融行业的员工提供技能培训，重点是在公司和行业内创造通往高薪、紧缺工作的途径。2021年9月，亚马逊承诺出资12亿美元，在2025年前为30万名员工提供教育和技能培训计划，旨在帮助员工掌握在亚马逊和其他公司担任高薪的技术或非技术职位所需的现代技能。各类企业设立的"管理培训生计划"也不鲜见，比如沃尔玛2022年推出的"College2Career"计划，为应届毕业生提供培训项目，让他们与领导一起工作，学习如何有效管理门店，此外还有为员工支付大学学费的计划。

在线教育平台如Coursera、edX等都针对职场人士提供了一系列技能提升课程，涉及从数据科学和人工智能到市场营销和项目管理等领域，并在结课后颁发证书。现代经济活动中的职业技能的学习场景随处可见，职场人士的日常工作将越来越多包括微学习（micro-learning），即那些可以帮助人们取得点滴进步的短时间的教学，在工作流程中进行参与式、个性化和灵活的学习，可以帮助解决具体问题，并在不耽误工作的情况下为自己的未来投资。2024年，在线教育平台"领英学习"（LinkedIn Learning）的研究显示，学习文化强的公司，相较于学习文化在基线水平的公司，其员工留存率高57%，内部流动性高23%，提升到管理层的概率高7%。但与此同时，绝大多数针对成百上千名员工进行技能再培训的昂贵计划仍处于规划和启动阶段，每年只有不到5%的计划进展顺利，足以衡量成功与否。

特别是，越来越多的发达国家将职业教育作为一项重要的公共政策，并且与就业政策加以结合。例如，新加坡政府近年来推出了"未来技能"计划，为所有25岁及以上的新加坡人提供500美元额度，用于支付一系列经批准的技能相关课程的费用。

在这样的背景下，李骏翼、段世宁、李俊辉、朱至晶、杨丹五人合著的《新职力：塑造未来新质职业教育的六种力量》，是对职业教育困境进行解答的一种积极尝试。本书联合"新质生产力""连接主义""结构洞""博弈论"四个概念，认为职业教育不是教育，而是竞合博弈，进而引出"职业教育六力博弈模型"，作为对职业教育发展的分析工具。"竞合博弈"是"新质职业教育"的底色，而职业教育生态由六种力量构成，分别是：科技、政府、产业和企业、生态玩家（即"教育生态服务者"）、学校、学习者。

关于科技在职业教育中的角色，作者指出，科技的"神奇"在于"神灵+奇点"，即强大与不寻常。作者剖析了"以技术为重心""以需求为导向"和"以科技价值观和社区学习为标志的事业教育"三种职业教育认知模式，其中第二种更具社会普遍性，第三种更贴合高精尖领域。作者也强调，"人类的命运，最终只是人类自身的责任"。作者解释了信息和能量领域的技术迭代将引发产业变革，职业教育的最佳策略或是"随波逐流"，而底层逻辑是"通过就业实现经济回报"。

关于政府在职业教育中的角色。作者认为，对于政府治理而言，职业教育对产业发展属于激励因素，而对社会治理属于保健因素，体谅政府的决策困境，是理解职业教育生态复杂局面的基本素养。作者认为，职业教育和就业率之间并不存在简单的因果关系，而是复杂的相关关系，政府要担当强力的引领者，但没有必胜的算法，通过借鉴韩国、德国、印度的经验，提出"无可奈何地打补丁，或许才是社会的常态"，但"职业是核心要素，职业教育也会演化为匹配终身成长的形态，指向未来"。书中分辨了对变革适应力不同的人群：政府需要为适应力弱的民众的生活品质兜底；而职业教育需要瞄准适应力强的群体，通过科技来帮助他们发现机遇；还有颠覆性科技和发展潮流的缔造者是"新质生产力的基础命题"。作者提出，作为"唯一有资格和能力权衡所有力量的参与者"，政府需要促进企业和学校直接合作，从"'事业'这个虚实结合的场景中，发掘新的能量"，有责任"权衡科技带来的影响，保障族群乃至人类物种的传承"。

关于产业与企业在职业教育中的作用。作者主张，"'人的需求'或许才是职业之所以存在的根本"，指出"产业和企业是当代社会最活跃的力量"。书中用谷歌的例子说明"AI改变了科技企业创造力的基础标准"，用英伟达的例子说明"锁定未来优秀人才的工具路径"是"更高层次的职业教育"，用胖东来的例子说明"新质生产力时代，无论企业还是学校，都会演化出新的质态"。书中还比较了OpenAI与英伟达所代表的两类"超创型企业"，以及胖东来所代表的"教育型企业"的"力"与"关系"的组合模式。作者着重介绍了"产教竞合"的概念："首先，让学校更像企业，尤其推动学校在时间维度上与企业共振"，"其次，让学校进驻企业,将企业内训融入正规教育认证的范畴","再次,让企校联合组队,通过竞赛等教育生态玩法,在良性的社会竞争中推动彼此的创新力"。作者指出,"在职业人才培养方面,企业与学校原本就有竞争关系",而且"培养新质生产力所需要的创新型产业人才,也不能依托陈旧的教育模式"。

关于生态玩家在职业教育中的影响。作者解释"生态玩家"区别于"台面上的强势存在"的"其他"类别,对于职业教育而言,生态玩家可以"创造危机,激发活力"。作者呼吁"职业教育的奥林匹克精神",新质职业教育需要"让证书不再作为阶层歧视的标准或职业进阶的负担,而是成为事业乐园的门票"。作者强调,职业教育证书"是每个人职业进步的阶梯",或应成为职业教育改革的起点,而生态玩家则可以连接起职业教育领域中的各种力量。

关于职业教育学校与价值模型。作者写道,"不能只从经济价值理解职业教育","将'职业教育'升级为'事业教育'","让教育孕育理想"。书中强调新质学校的内在属性是"融合多方力量,兼顾多项需求",外在特征是"目标简单稳定,组织灵活多变",价值定位是"以服务每个人的终身成长为己任"。

作者认为,"事业教育"着重价值观塑造,包含多重场景和角色,产教融合,终身教育,以"四业教育"为基础提升事业教育的品质。新质学校需要连接所有成年人,让志愿者成为教师的主要来源,为每个人的终身成长提供陪伴式服务。

关于"学习者"。作者主张,"学习者,是由内而外形成的概念,核心在于对自我状态的认知,是终身的强者,是谦虚的超能力,更是很多人的生命钥匙"。学习者的责任分配为"有限是学校,连带是家庭,无限是自己"。"学习者让自己成为超级个体,把自己当作公司经营",作者罗列了诸般益处,并强调"只有聚焦成长,学习者才能发挥最大的影响力","实践的秘密只有一个,就是'主动'"。书中提出"终身成长社群网络"的概念,作为学校教育和家庭教育的补充。

简言之,《新职力:塑造未来新质职业教育的六种力量》一书对于未来职业教育体系给予了全景式的探讨,挖掘了不同角色的产业价值和转型方向,揭示了职业教育对于现代社会的努力,值得肯定。

人类社会正在面临全面深刻变革,自然智能和人工智能展现了全面融合趋势。现代经济活动已经开始,人工智能的参与不可或缺,即使传统领域中那些被认为是体力工作的家政服务、仓储运营或快递收发之类的行业,也是受制于人工智能驱动的平台调度。至于科技创新,人工智能更为不可缺位。所以,人工智能时代的职业教育变得更加重要,如何推动和帮助人从体力工具的属性中释放出来,如何实现自然人和智能体的协调,如何实现智能时代的职业与分工的均衡发展,都将成为职业教育的新目标。同时,还要诉诸人工智能技术对职业教育基础、框架的改装,设计出能够在人工智能时代体系化落地的职业教育,以求凝聚社会对于技术驱动增长的共识与鼓励各方力量发挥在职业教育产业中的优势。

从长远来看，一个可持续的职业教育体系，需要不断调整产业体系、知识系统和教育模式，形成与整个教育体系，包括基础教育、义务教育，以及通识教育和专业教育的互动关系，继续培养高素质技术技能人才，使受教育者具备从事某种职业或者实现职业发展所需要的职业道德、科学文化与专业知识、技术技能等职业综合素质和行动能力，最终完成职业教育从内容到形式的变革。例如，过去太空开发是科学家的事业，现在将成为未来职业教育的新领域。

为此，未来的职业教育需要不断的探索和实践。德国教育家格奥尔格·凯兴斯泰纳（Georg Kerschensteiner，1854—1932）说过："所有学校的重点都不应放在知识的积累上，而应放在智力、道德和动手能力的培养上。"职业教育发展道路尤其如此。

朱嘉明

著名经济学家

横琴数链数字金融研究院学术与技术委员会主席

2024年11月6日于广州

# 自　序

## 外显内驱，多元合一

就在本书创作接近完稿的时候，恰逢9月10日教师节，这是中国第40个教师节。习近平总书记参加全国教育大会并发表了重要讲话："我们要建成的教育强国，是中国特色社会主义教育强国，应当具有强大的思政引领力、人才竞争力、科技支撑力、民生保障力、社会协同力、国际影响力，为以中国式现代化全面推进强国建设、民族复兴伟业提供有力支撑。"

习近平总书记用"六力"对"教育强国"进行了概括性的描述，而本书聚焦探究职业教育的未来趋势，同样使用了"六力"的表达。必须承认，这确实是巧合，而这种巧合让我陷入了深深的思考，提出了很多问题：两种表达是怎样的关系？为何都是"力"呢？这些"力"之间又有怎样的相互作用呢？"六力博弈模型"能否呼应教育强国的宏大目标呢？

2022年，在中国共产党第二十次全国代表大会上，习近平总书记的报告以《高举中国特色社会主义伟大旗帜，为全面建设社会主义现代化国家而团结奋斗》为主题，报告中对"社会主义现代化国家"进行了极为充分的论述，并提出2035年国家发展总体目标，其中就包括"建成教育强国、科技强国、人才强国、文化强国、体育强国、健康中国，国家文化软实力显著增强"。习近平总书记在2024年全国教育大会中提出的"思政引领力、人才竞争力、科技支撑力、民生保障力、社会协同力、国际影响力"，是对"教育强国"更细致的描述，只有达到这样的标准，才能起到对"建设社会主义现代化强国、实现中华民族伟大复兴"的支撑作用。这"六种力量"某种意义上就是中国教育发展的目标与责任，是教育板块与其他板块的互动，对于教育而言这些都是"外显的力量"。教育强国必然包含职业教育的突破式发展，我们也可以将这六种力量视为对中国职业教育的未来目标。

而本书提出的"职业教育六力博弈模型"，包括"科技的力量、政府的力量、产业和企业的力量、生态玩家的力量、学校的力量、学习者的力量"，某种意义上则是对职业教育生态内部机理的描述。这六种力量相互竞合博弈，共同塑造着职业教育的发展趋势，对职业教育而言，这些都是"内驱的力量"。

六种外显的力量与六种内驱的力量，来自不同的站位和视角的表达，虽然逻辑上并没有必然的关系，但我们还是可以尝试发掘其间存在的呼应。职业教育要想对外展现出"思政引领力"，在内部博弈中就必然有角色为思政工作持续注入巨大的能量，并最终形成影响力的穿透效果，"政府的力量"显然责无旁贷。以此类推，我们可以在六种内驱力量和六种外显力量之间找到一些直接的呼应，虽然不严谨，但大体能够契合我们的常识。俗话说"术业有专攻"，不同内驱力的基因不同，延展到外部就会展现出不同的特征，而每种外显的力量也都会包含所有内驱力的贡献，只是比例不同而已。

"思政引领力"对应"政府的力量"。德才兼备，立德为先，强调思想政治教育是政府最核心的着力点。但政府的影响力显然不止于此，通过治理机制引领职业教育生态演变的方向。社会对教育的希望和想象非常美好，但现实资源总归有限，如何取舍权衡，如何与其他力量，尤其是科技力量建立妥善的关系，影响力非常深远。

"人才竞争力"对应"学习者的力量"。我们通常强调人才是培养出来的，但有越来越多的教育者开始强调学习者自身的主导作用，尤其是拔尖创新人才，这是发展新质生产力的关键。但人才理念的转变并不轻松，从弱者到强者，需要其他力量的辅助，同样依赖于学习者个体的内省与成长。

"科技支撑力"对应"科技的力量"。没有教育强国的支撑，科技强国的梦想无法实现，没有科技强国的探索，教育强国的梦想也会半途而废。2024年10月，诺贝尔物理学奖和化学奖虽然一如既往都颁给了人类，但AI却成为真正的主角，科技正在以前所未有的方式展现出它的神奇影响力。但在我们的职业教育实践中，绝大部分人对科技的认知依然停留在学科内容的层次，显然没有给予足够的尊重。"新质生产力"就是这样的契机，让我们重新理解科技的力量，并通过职业教育改革影响到更多的人。

"民生保障力"对应"学校的力量"。历经四十年的努力,中国教育普及率已经达到非常高的水平。职业学校应该有怎样的定位,是值得重新思考的关键课题。无论是义利之辨,还是从"职业教育"到"事业教育"再到"四业教育"的演化升级,本书从不同视角描绘着未来职业教育可能的样子。标题中用"厚载"表达未来职业学校的核心特征,与"民生保障力"形成强烈的共鸣。

"社会协同力"对应"生态玩家的力量",生态玩家是本书做出的一个创新表达,这种对应关系蕴含着无限的妙趣。从教育大国到教育强国的发展,需要调动各级各类极为复杂的社会资源。这就像大自然,维持物种多样性是保持生态健康的关键,只有保持教育生态参与者的多样性,或许才会产生社会协同的效果,这是传统职业教育研究容易忽视的领域。

"国际影响力"对应"产业和企业的力量",但这显然低估了产业和企业对职业教育影响的广度和深度。实现教育强国,显然不能仅仅把产业端视为吸纳就业人口的角色,而要高度重视企业,尤其是"超创型企业"推动教育创新变革的可能。相对于其他教育类型,职业教育极有可能成为中国教育展现国际影响力的核心领域,而这恰恰需要与中国产业的全球影响力高度配合,这是我们的优势,也是时代的契机!

思政引领力、人才竞争力、科技支撑力、民生保障力、社会协同力、国际影响力,六种力量的综合可以描绘出"教育强国"的未来状态;科技的力量、政府的力量、产业和企业的力量、生态玩家的力量、学校的力量、学习者的力量，六种力量的博弈决定着"职业教育生态"的演化方向。两种表达，其实讲述同一个故事，两个方向的十二种力量，最终合而为一，指向新质生产力的未来方向，指向中国特色社会主义教育强国的未来梦想！

《新职力：塑造未来新质职业教育的六种力量》一书就像一部舞台剧，六种角色力量的跨界协作，共同演绎着新质职业教育生态的趋势。而这本书创作的过程，本身也是一个跨界协作、知行合一的故事。非常感谢本书的联合作者中苏启迪（珠海）教育投资有限公司创始合伙人段世宁老师，青岛科技大学硕士研究生行业产业导师、教育公司创始人李俊辉老师，中华职业教育社专家委员会委员朱至晶老师，北京中关村互联网教育创新中心主任杨丹老师，我们扮演不同的角色，发挥不同的力量，携手共创才有了这本书！其实还有多位AI智能体的参与，主要承担整理材料、发掘观点等工作，而本书呈现的所有内容，完全来自真人作者们的联合创作，既是对读者的尊重，也是坚守作者们的意义。

作为未来教育跨界研究者，我们的探索之路显然并不平坦，从《家庭教育心法》到《元宇宙教育》，从《超级AI与未来教育》到当前这本《新职力：塑造未来新质职业教育的六种力量》，主题看似跳跃，其实存在很多内在关联，面朝未来教育的方向，矢志不渝。

诚挚感谢著名教育学家、中国教育学会名誉会长顾明远教授的深切关怀，以及清华大学教授李睦、中国教育三十人论坛秘书长马国川、苇草智酷创始合伙人段永朝教授、北京师范大学教授

**新职力：** 塑造未来新质职业教育的六种力量

项华、北京开放大学原副校长张铁道教授、上海师范大学教授邹晓东、蒲公英中学校长郑洪、江西财经大学虚拟现实（VR）现代产业学院原院长廖国琼、良智教育集团董事长白云天、辰林教育集团董事长黄玉林、光明世界阅读行动发起人陈明亮、元宇宙三十人论坛发起人徐远重等诸多老师给我的教诲和助力！深深感谢全力支持我的妻子、父母和两个孩子，教育只在真实的生活中，那是幸福的源泉！真诚感谢基因共修社群钟勇、周宝、张晓丽、刘卫民、李奔等数百位伙伴，我们同学共修，探索终身成长之道，给我带来无数启发！

职业教育，就像一个小宇宙，宏观是"教育强国"的伟大梦想，中间是学校、企业、科研机构等共同演绎的创新故事，细微处则是每个人为幸福而努力的身影，精彩纷呈，生生不息。

李骏翼

2024 年 10 月

# 目　录

## 第一章　纠缠——职业教育的时代境遇

第一节　新质生产力：连接主义下的结构洞 / 003
　　新质生产力：连接主义下的结构洞 / 003
　　新质·职业教育 / 007

第二节　职业教育，不是教育 / 009
　　天生就是矛盾体质 / 009
　　现世的危与机 / 012
　　职业教育，不是教育 / 015

第三节　超越困境的工具：六力博弈模型 / 018
　　成功的标志——超越歧视 / 018
　　以专为本 vs. 以人为本 / 020
　　新质·职业教育：六力博弈模型 / 023

## 第二章　神奇——科技的力量

第一节　科技@职业教育：认知选择　/ 029
　　神奇＝神灵＋奇点　/ 029
　　两种认知策略　/ 032

第二节　科技不仁，以人类为刍狗　/ 036
　　科技信徒的献身　/ 036
　　第三种认知策略　/ 039
　　科技不仁，以人类为刍狗　/ 040

第三节　智慧的能量：新质·职业教育的价值格局　/ 044
　　人工智能：逻辑主义 vs. 连接主义　/ 044
　　仿真现实与仿真人类　/ 046
　　信息与能源：塑造职业教育的宏观格局　/ 049
　　科技的智慧：解构职业教育的价值逻辑　/ 052

## 第三章　权衡——政府的力量

第一节　政府如何对待职业教育　/ 059
　　政府的维度　/ 059
　　政府的"XY-双因素需求"　/ 062
　　政府期望的"好"学校　/ 064

# 目 录

第二节　专业≠就业≠职业：权衡的艺术　/　067
　　经济发展与职业教育有关系吗？　/　067
　　韩国的冲突，德国的妥协，印度的妙招　/　069
　　专业≠就业≠职业，跳出旧的故事脚本　/　072

第三节　政府·科技：新质职业教育的可持续之道　/　076
　　政府 vs. 科技，职业教育更依靠谁？　/　076
　　政府 × 科技，创新的半边天　/　079
　　政府 ÷ 科技，传承的活水源　/　082
　　新质∈本质，可持续发展是权衡的艺术　/　085

## 第四章　超创——产业和企业的力量

第一节　产业的根，企业的命，职业的魂，教育的痛　/　091
　　知有涯，职不同　/　091
　　企业的力量，从哪里来，到哪里去？　/　093
　　产业的根，职业的魂　/　095
　　企业的命，教育的痛　/　098

第二节　OpenAI、英伟达与胖东来：超创型企业的崛起　/　101
　　OpenAI 挑战谷歌的价值逻辑　/　101
　　英伟达的教育护城河　/　102
　　胖东来是一所学校吗？　/　105

第三节　产教竞合，新质·职业教育的新游戏　/　108
　　　　超创型企业的职教基因　/　108
　　　　道不同，怎相为谋　/　110
　　　　产教融合→产教竞合　/　113

# 第五章　纵横——生态玩家的力量

第一节　职业教育生态玩家的群像　/　119
　　　　生态玩家，都在玩什么？　/　119
　　　　生态玩家的内核　/　120
　　　　创造危机，激发活力　/　122
第二节　奥林匹克精神与游乐场门票　/　125
　　　　职业教育的奥林匹克精神　/　125
　　　　传统的证书：职业进步的阶梯　/　127
　　　　未来的证书：事业乐园的门票　/　129
第三节　失控的活棋：新质·职业教育的生态治理　/　133
　　　　生态的死结，玩家的活棋　/　133
　　　　职教生态，如何治理？　/　135
　　　　UNESCO 的隐喻和想象　/　139

## 第六章　厚载——学校的力量

第一节　义利之辨：未来职业学校的价值模型 / 145
　　办职校能赚钱吗？办职校能赚钱吗？ / 145
　　永远无法完备的经济闭环 / 148
　　义利融合：未来职业教育的价值模型 / 150

第二节　基于"四业教育"的"事业教育" / 153
　　基因改良，学校不培养人才 / 153
　　从"职业教育"到"事业教育" / 155
　　从"事业教育"到"四业教育" / 159

第三节　新质·职业学校：连接主义下的结构洞 / 161
　　两种学校模式的对比 / 161
　　新质学校的价值定位——结构洞 / 163
　　六力博弈，厚德载物 / 166

## 第七章　分合——学习者的力量

第一节　天生弱者 vs. 终生强者 / 173
　　格式化成功，社会化失败 / 173

　　　　没有"学生",只有"学习者" / 176
　　　　责任:有限是学校,连带是家庭,无限是自己 / 179
第二节　新质生产力之源:超级个体 / 183
　　　　不拘一格"升"人才 / 183
　　　　把自己当作公司:内省的技术 / 185
　　　　眼观六路,耳听八方,游刃有余,从容不迫 / 187
第三节　四业合体,六力归一,社群网络,终身成长 / 190
　　　　人生的意义,教育的目标 / 190
　　　　三项循环,四业合体,六力归一 / 192
　　　　终身成长社群网络 / 194

# 第八章　职业教育的全球机遇与中国叙事

第一节　国际视野:职业教育的机遇 / 201
　　　　国际关系→职业教育 / 201
　　　　职业教育→全球趋势:挑战和机遇 / 203
第二节　中国职业教育的未来叙事 / 206
　　　　选择,讲好中国故事 / 206
　　　　提问,创造即永恒 / 209

# 第一章

## 纠缠——职业教育的时代境遇

# 第一节
# 新质生产力：连接主义下的结构洞

## 新质生产力：连接主义下的结构洞

2023年，习近平总书记在地方考察过程中指出，要整合科技创新资源，引领发展战略性新兴产业和未来产业，加快形成新质生产力。不久之后，总书记又在中央经济工作会议上提出，要以科技创新推动产业创新，特别是以颠覆性技术和前沿技术催生新产业、新模式、新动能，发展新质生产力。"新质生产力"逐步成为一个专有名词，就像一颗超新星闪耀在人们的视野中。

新质生产力，是创新起主导作用，摆脱传统经济增长方式、生产力发展路径，具有高科技、高效能、高质量特征，符合新发展理念的先进生产力质态。它由技术革命性突破、生产要素创新性配置、产业深度转型升级而催生，以劳动者、劳动资料、劳动对象及其优化组合的跃升为基本内涵，以全要素生产率大幅提升为核心标志，特点是创新，关键在质优，本质是先进生产力。生产力是人类社会发展的根本动力，也是一切社会变迁和政治变革的终极原因。新质生产力是新概念，发展新质生产力是新的重大任务，是中国展望未来产业发展与国家战略的关键表达。新质生产力已经在实践中形成并展示出对高质量发展的强劲推动力、支撑力，需要从理论上进行总结、概括，用以指导新的发展实践。

以上是简单引用，既作为我们深入探究"中国未来职业教育"的大背景，更是拓展和思考"全球未来教育生态"的新起点。无论是官方还是民间，媒体关于新质生产力的阐述非常丰富，我们不再赘述，而是另辟蹊径，借用人工智能算法理解"新质生产力"这个概念的意蕴。人工智能是推动新质生产力发展的核心技术，其自身的演化过程或许也预示着创新模式的迭代更新。

20世纪50年代，人工智能起步之初就存在着两大流派——符号主义与连接主义，彼此竞争，相互启发。符号主义强调逻辑，期望通过严谨的符号运算实现机器智能；连接主义强调网络，希望通过大量计算单元的连接模仿产生类似大脑的智慧。符号主义者很快实现突破，专家系统主导了人工智能发展的主旋律，而连接主义者则坐了几十年的冷板凳。进入21世纪，随着GPU芯片的突飞猛进，连接主义开始引领人工智能的新潮流，实现了AlphaGO和ChatGPT的重大突破，惊艳世界！两种流派没有对或错，当算法足够强、数据足够多、算力足够大的时候，神经网络策略才能展现出优势。连接主义不仅是人工智能的一种技术流派，更是一种认知范式，特点是弱化泾渭分明的抽象分类和逻辑结构，追求多元连接产生的智慧涌现。

2023年之后，人工智能大模型日新月异。那些成果当然不是天上掉馅饼，人才贵、芯片贵，耗电更是猛如虎，训练和运营大模型的成本非常高！大家为了抢市场，用免费吸引个人用户，但面向企业还是要收费的。但怎么算账呢？经过市场充分磨合，大家都倾向于使用"token"作为基础计价单位，它在自然语言处理（Natural Language Processing，NLP）专业领域里大致表示"最小的语义单位"，中文翻译五花八门，本书倾向于使用"语素"这种表达。笼统地说，一个 token 可以对应一个汉字、一个词根、一个简单的单词或者一个标点符号等，大模型拆分 token 的策略也不尽相同。

随便选几个汉字就能组合出一个新词汇，但这并不能直接产生完整的含义，需要人们使用和解读，新词汇的含义才会逐渐清晰起来。逆向过程也没问题，对于已经存在的复杂表达，创造一个简洁的词汇非常有利于传播，比如我们熟悉的成语，四个字里大有乾坤。笔者在《超级 AI 与未来教育》这本书里，就用三个成语来解释 ChatGPT 对应的三个科技概念（Generative——无中生有、Pre-trained——学以致用、Transformer——变幻莫测），别有一番趣味。

前沿科技风起云涌，政府希望激活全社会的关注和参与，新质生产力显然是一个简洁、有力且极为传神的表达。站在 AI 的视角，新质生产力大致可以拆分为"新、质、生产、力"这四个语素（见表 1-1），也可以理解为用这四个语素在中文词汇网络里创造了一个新节点。这四个语素本身都有非常广泛的内涵和外延，使得新质生产力本身就具有极为强烈的连接能力，再有政府力量的加持，让我们很容易就能感受这个新概念的妙趣和深邃。当然，这也增加了翻译的难度，官方给出的译文是 New Quality

Productive Forces。

表 1-1　新质生产力的四个语素

| 语素 | 含义 |
|---|---|
| 新 | 时代级热门字，可以是对新事物的描述，也可以形容有突破的行动，同时也是当今时代的主流审美 |
| 质 | 既能表达主体内容，又能表达质量效能，更能与科技相呼应展现本质原理，整体还可以描述一种融合的状态，就是官方表达中的"质态" |
| 生产 | 极为常见的词汇，是很多经济学概念的词根，不仅表达直接的商品制造，更关联到产业发展，还可以引申为价值创造 |
| 力 | 是力量，可以进行物理层面的客观衡量和计算；是能力，体现个人或组织的发展水平；是努力，表达主观的价值方向；是实力，蕴含国际竞争中的大国博弈 |

1992年，社会学家罗纳德·伯特（Ronald Burt）提出"结构洞"（Structural Hole）理论，用来解释人类社会关系网络的某些特点，由于不同群体之间缺乏有效联系，那些填补空白的人就能获得更高的影响力。我们把结构洞理论运用在认知领域，庞大的语言网络里也存在着结构洞，而新质生产力已经成为中文世界里一个新的结构洞，将原本弱相关的领域连接起来，比如数字科技、新能源、新材料、生物技术等，也可以让原本就强关联的领域获得新的加持，比如政治、科技、经济、教育等。

我们借助人工智能"连接主义"思想，解析新质生产力的内在语素算法，再借助社会学"结构洞"理论，环视新质生产力的外部价值关联，从宏观到微观，从内涵到外延，对新质生产力这个新概念建立深刻而丰富的理解。接下来，我们将沿用这种跨界策略，前瞻职业教育的未来趋势！

## 新质·职业教育

对于新质生产力与职业教育之间的关系，媒体已经有不少解读，亦有研究者对这个课题进行了深入的学术阐述。职业教育在新质生产力发展中扮演着重要角色，通过产教融合，培养高素质技能型人才，促进产业创新并提升竞争力。新质生产力对职业教育发展提出了新的要求和挑战，高质量职业教育的发展离不开新质生产力的引领和加持。在 AI 的辅助下，我们还可以使用更多富含能量的词汇，不断强化二者的深刻关系。

既然已经打开视野，重新理解了新质生产力，何不继续探索"新质生产力和职业教育"的妙趣关系呢？当然可以！本书就创造出"新质·职业教育"这个新词汇。职业教育原本就是连接学校与社会的桥梁，在教育生态中扮演着结构洞的角色，可以拆分为"职、业、教育"三个语素，再加上"新、质"两个前缀，就与新质生产力的各个语素紧密关联起来，能量传导更高效，价值共振更强烈。"新质·职业教育"，是职业教育的未来方案，更是新质生产力的实践路径。虽然本书中还会经常使用"职业教育"这个传统表达，但已经具有了"新质·职业教育"的内涵。

其实，把"质"和"教育"结合使用通常意味着更高的追求，比如素质教育就比应试教育更让人向往，再比如联合国提出的 17 项可持续发展目标（Sustainable Development Goals，SDGs），其中第 4 项就是优质教育（Quality Education，也称 SDG4）。在国际教育或未来教育相关论述中，SDG4 已经是相当常见的表达！

我们回到现实社会，以新质生产力为时代背景，运用连接主义思想和结构洞理论，再创造出"职业教育六力博弈模型"这个新概念，支撑起整本书的主脉络，直面真现象，呼应真需求，提出真问题，创造真方案，探究未来职业教育的趋势。

"新质·职业教育"和"职业教育六力博弈模型"这两个新词汇都没必要给出准确的定义围墙，我们动态理解就好，时不时就会产生有趣的新连接。中国职业教育正在发生巨大的变化，不仅关乎着中国的发展，其影响力的触角更是紧紧地连接着全球每个角落，在不断变化中创造出新的活力！

# 第二节
# 职业教育，不是教育

## 天生就是矛盾体质

职业教育处于教育与产业的交汇地带，占据结构洞的位置，自然比较活跃，但也意味着天生就自带矛盾体质。"职业"和"教育"，谁才是真正的主角呢？主角在哪里，根就在哪里。

教育界的专家学者更有学术发言权，从研究对象到教育政策，从学校治理到专业课程，从师资培养到教学实践，娓娓道来，有条不紊。职场实战派不喜欢掉书袋，直接把轻松拿证、承诺就业、升职加薪这些痛点怼到用户面前，"职业千万条，赚钱第一条"，立刻就能让人躁动起来！我们推行"产教融合"，想象美好很容易，调解关系很麻烦。职业和教育，到底听谁的，确实很难说清楚。

职业－教育，这组二元关系太简单，早已经不适合作为理解职教生态的基本结构。在新质生产力背景下前瞻未来职业教育，如果仍然只是在教育政策、招考机制、专业课程、校企关系等方面进行调整，甚至只是把过去的做法包装成新概念，意义实在微弱。中国发展正在面临百年未有之大变局，职业教育很有可能成为"拖后腿"的角色。换种说法,中国职业教育如果不能开创出具有里程碑意义的新图景,就很难配得上新质生产力构建出的宏大想象!

巨大压力就在面前,但不能慌。通鉴历史,构想未来,想要开创新图景,我们需回到源头去寻找思路。现代职业教育的缘起,不在中国,不在产业,甚至不是教育,而是"战争"。19世纪之前的欧洲,战事连绵不绝,但规模都很有限,法兰西雄主拿破仑开创了现代意义上的全民战争,让欧洲的皇室贵族们胆战心惊。英国有海峡屏障,俄国有寒冬护体,而紧挨着法国的普鲁士无险可守,被拿破仑摁在地上摩擦,这让普鲁士国王威廉三世感到十分屈辱。怎么办?痛定思痛,唯有变革!方向只有一个,那就是激活并整合大众的力量,人口的数量和素质是反败为胜的关键。

1809年,威廉三世指令教育主管官员威廉·冯·洪堡(Wilhelm von Humboldt)开启改革,逻辑其实非常简单,"**变革教育,培养专才,发展工业,富国强兵**",形成正反馈循环。站在教育史视角,洪堡改革堪称伟大,回到历史现场更有意思。他在教育主管位置上其实只干了一年多,不仅建立了新体系,还留下了人才辈出的洪堡大学。对普鲁士而言,这场变革的效果不是好,而是好到有些过分!变革后的普鲁士发展迅速,让威廉三世完成了德意志的合并,继而联合多国打败拿破仑。崛起后的德国后劲非常强,连续两次挑起世界大战,由于人才底子厚,还能从"二战"废墟中快速恢复,德国成为世界级的产业强国,更是整个欧盟的台柱子。以洪堡教育改革为源头，不断演化沉淀出来的德国双元制职业教育体系，如今也是全球学习和借鉴的样板。

那中国的情况呢？著名的"李约瑟之问"刺痛了无数中国人的心，繁盛的中华文明为何没有孕育出现代科技与工业呢？历史研究者给出了丰富的解释。简单看14世纪之后的中国，政局整体平稳，人力资源充足，加上"功不十，不易器"理念，变革的动力确实非常有限。聚焦到教育视角，传统的师徒模式已经能够满足社会对大部分职业的需求，传承才是重心，创新不是刚需。对比此时的欧洲，瘟疫和战争还是主旋律，包括伽利略在内的很多智者，其实拿着改良武器的经费搞研究，科学发现更像是副产品，由于人力资源严重匮乏，技术发明也没有充分的市场空间。当欧洲人的军事和市场能力获得飞跃之后，磨刀霍霍向东方，虽然大清王朝仍然坐拥全球近1/3的经济体量，却只能作为被宰割的肥羊。

1840年之后的中国，内忧外患，国运民生都遭遇严峻的危机，怎么办？痛定思痛，唯有变革！摆在清朝政府面前的最佳策略，就是被证明行之有效的洪堡方案——"改革教育，培养人才，发展工业，富国强兵"，我们称之为"师夷长技以制夷"！1866年，左宗棠创立福建船政学堂，以军事工业为重心培养技术型人才，成为中国现代职业教育的滥觞。然而，就在清政府开启洋务运动的时候，欧洲已经进入第二次工业革命，东西方代差进一步拉大。清政府希望借鉴西方教育实践改造传统科举制度，理念上犹犹豫豫，行动上磨磨叽叽，让变革效用大打折扣。1902年开始推行现代教育制度，1904年确立实业教育，1905年废除科举制，看起来并不慢，其实已经来不及了。

1912年，民国政府成立伊始就颁布全新的"壬子学制"，蔡元培主持拟定了国民教育宗旨"注重道德教育，以实利教育、军国民教育辅之，更以美感教育完成其道德"。把德育摆在优先位置是我们的文化传统，实利教育和军国民教育才是整个宗旨的关键。此后的二十多年，思潮风起云涌，探索百花齐放，随着约翰·杜威（John Dewey）、保罗·孟禄（Paul Monroe）等著名学者陆续访华，实用主义哲学逐渐成为中国教育思想的主脉络。

我们必须清楚，20世纪上半叶，对中国影响最大的学校，不是清末建立的清华、北大，也不是抗战时期的西南联大，而是1924年建立的黄埔军校。在那个动荡年代，最重要的职业莫过于"军人"，最重大的实利莫过于"打胜仗"，而最高的道德莫过于"救亡图存"！

## 现世的危与机

两次世界大战深刻改变了人类文明的进程。1957年，苏联发射的斯普特尼克一号卫星从美利坚上空飘过，让全体美国人的恐惧感快速蔓延。在美苏太空竞赛中落后，让时任美国总统艾森豪威尔感到很焦虑。怎么办？痛定思痛，唯有变革！美国政府的行动非常迅速，1958年推出的两项举措都对后世产生了深远影响，"斯普特尼克时刻"也因此成为一种文化语码，形容那种被震惊之后的锐意变革。

首先是国防教育法，不仅要提升民众的国防意识，更要为顶级学校、科研机构和优秀学生提供资金支持，推动军事国防领域的高精尖人才培养和职业教育。法案涉及的资金并非天量，但价值杠杆非常高，直接将"科技"塑造成为美国教育的主旋律，并间接影响了当代全球教育的内容倾向。美苏两个超级大国都明白，战争不能停，但是要冷静，只是谁都没想到，貌似和平的科技竞争真能撕裂一个庞大的国家！

其次就是在美国国防部里成立"高级研究计划局"（Advanced Research Projects Agency，ARPA）。冷战孕育出的各种新科技，如果只是用来威慑和炫耀，确实太浪费，也无法满足顶级人才对成就的渴望，转为民用显然更有意义。1969年，ARPA搞出来一个仅供内部使用的阿帕网（ARPANET），这个网络不断拓展，大约20年后成为连接全球的国际互联网（Internet），意义如何，无须形容，我们都懂，第三次工业革命就这样呼啸而至！

我们可以数数，如今还有多少职业与互联网科技完全无关呢？在中国，互联网技术是最受年轻人追捧的就业方向，只是人们已经不再关注其战争的源头。以战争为理由发展科技，把科技发展当作战争，现代职业教育的起源和发展始终都处在这样的旋涡中。

2016年，又一个斯普特尼克时刻出现了。AlphaGo先以4∶1战胜韩国棋手李世石，紧接着又以3∶0战胜中国棋手柯洁，让很多职业围棋手"哭晕在厕所"。围棋是小事，人工智能才是关键，就在柯洁输棋两个月后，中国政府就颁布了《新一代人工智能发展规划》，针对这项新技术做出战略部署。接下来的几年，贸易惩罚、新冠疫情、人才封锁、留学专业限制、芯片法案等一系列事件让中美关系在低谷中辗转反侧，全世界也跟着绷紧了神经。

2022年底，ChatGPT横空出世，更是炸裂了传统的认知边界。无数职业都面临着挑战，扑面而来的威胁感，让很多人开始怀疑教育的意义，甚至担忧人类的命运。ChatGPT的缔造者——OpenAI公司CEO山姆·阿尔特曼（Sam Altman）曾向美国国会提议，要像对待核武器一样监管全球人工智能的发展。

与此同时，俄乌冲突深陷泥潭，中东战事不断升级，狭长的红海与小小的黑海，牵动着全球能源、军工、金融、商贸、物流、汽车、粮食等诸多产业的格局与趋势，直接影响数十亿人的工作和生活。当德国人在2011年提出"工业4.0"概念的时候，大家对未来还满怀美好的希望；而当人工智能正式敲响第四次工业革命钟声的时候，世界却弥漫着滚滚硝烟。如今，中国政府提出"新质生产力"，显然要站在全球背景下理解其内涵，既有强大的内生动力，又有强烈的外部压力，关系着国家的安全和民族的命运。

我们如此大费周章地讨论职业教育和战争的关系，但本书并非否定教育的善意情怀和美好愿望。必须承认，现代职业教育本就与时代的脉搏紧紧绑定，永远无法抹去战争的基因。我们显然不应该期待一切岁月静好，职业教育只能负重前行，过去如此，未来亦如此！

第一章 纠缠——职业教育的时代境遇

## 职业教育，不是教育

职业教育，怎么定义？

我们早期使用"实业教育"或"实利教育"的表达，如今最常用的是职业教育（Vocational Education，VE），但在不同地区或不同语境下，也有人使用职业技术教育（Vocational and Technical Education，VTE）以及职业教育培训（Vocational Education and Training，VET）等表达。1999年，联合国教科文组织（UNESCO）在韩国首尔召开第二届国际职业技术教育大会，给出了更完整的概念表达——技术和职业教育与培训（Technical and Vocational Education and Training，TVET），把所有关键词都用来搞排列组合，虽然一视同仁，但其实并没有让概念变得清晰。

1996年，中国首次颁布《中华人民共和国职业教育法》，但直到2022年的修订版才对职业教育给出了定义式的描述——"本法所称职业教育，是指为了培养高素质技术技能人才，使受教育者具备从事某种职业或者实现职业发展所需要的职业道德、科学文化与专业知识、技术技能等职业综合素质和行动能力而实施的教育，包括职业学校教育和职业培训"。文本确实有点长，极致简化之后就是"职业教育是……教育，包括职业学校教育和职业培训"，其实就是1996年的版本。似乎走了很远，最终又回到原点，不过我们还是能感受到一个难以逾越的边界——"职业教育是一种教育"。这是真理吗？未必如此，至少在德国就不是这样的理解，我们后面会专门探讨。

2022年后,教育部部长怀进鹏曾多次在不同会议中强调"必须跳出教育看教育",只是在实践中想要跳出舒适圈需要极大的勇气。新质生产力,或许就是千载难逢的历史机遇,但如何跳出教育看教育,却是更具体的难题。

既然铺垫得差不多了,那就亮出本书探索职业教育的新思考。职业教育,不是教育,不是技术培训,不以就业为目标,不以专业为核心,也不以学校为场景,某种意义上,职业教育甚至也并不完全以人为本!回到源头看职业教育,跳出教育看职业教育——职业教育是一场……竞合博弈,其中的省略号,是整本书都在努力填充的内容。我们可以在不同情景中切换"竞合博弈"的替代词,比如游戏、生态、战争等,最终都是为了凸显竞合博弈这个关键特征。

我们跨界援引博弈论的概念,重新思考职业教育的过去、现状和未来。博弈论的思想本身源流久远,而现代博弈论最初集中在经济研究,很快拓展到军事、政治、金融、生物、社会学等诸多领域,和教育的关联度比较有限。其实传统教育里的绝大部分概念,招生、就业、专业、学校、课程、培训、教学、成绩、证书等,都充满竞合博弈的色彩。洞悉职业教育竞合博弈的机理,再回归现实,无论扮演哪种角色,或许都更容易做到恰如其分、进退自如,从心所欲而不逾矩吧!

话说回来,职业教育当然属于教育,这毋庸置疑!本书之所以说"职业教育不是教育",并不是"白马非马"的文辞狡辩,而是"他山之石,可以攻玉"的探索。同时必须声明,本书提出的"职业教育六力博弈模型"不是理论,而仅仅是一个思考框架。虽然没有按照学术范式追求严谨表达,但并不意味着不认真,同样蕴含着思辨、探究和实践。兴趣发动机持续轰鸣,让我们在竞合博弈中去追求更新鲜、更刺激的收获感!

简而言之,我们在"新质生产力"的背景下,先后引入"连接主义"思想、"结构洞"理论、"博弈论"概念,基于"竞合博弈"这个价值支点,去解析"新质·职业教育"的发展趋势,让职业教育与未来社会实现超链接,天宽地阔,大有可为!

## 第三节
## 超越困境的工具：六力博弈模型

### 成功的标志——超越歧视

我们即使理解职业教育的矛盾体质，还是不习惯把"矛盾"摆在明面上，无论内心怎么想，表达的时候都倾向于以和为贵的策略，以产教融合为代表，还有普职融合、校企合作、科教融汇、文专融合、工学结合、产学研一体、校政企协同、双向赋能、多元互动、多方联动等。这些概念相互重叠，彼此共振，确实丰富了我们对职教发展的想象，但已经很难取得认知突破了。

美好的理念常常缺乏衡量标准或者实现的标志。新质生产力孕育的新质职业教育，到底怎样才算成功呢？是中高考分数反超普通教育？是就业薪酬高于平均水平？或许可以锚定一个鲜明的痛点，哪怕概念本身模糊，但大众感受却很清晰，最佳选项莫过于"歧视"。有专家呼吁，大家要公平对待普通教育和职业教育。愿望很美好，现实很骨感。除了中国，在世界很多地方，职业教育都或多或少受到社会的歧视，越是呼吁，其实越说明问题麻烦。

虽然"职业教育被歧视"并不是什么核心课题，但是可以作为一个风向标。职业教育无论怎么改革，只要受歧视现象依然明显，就说明没有完成实质性跃迁,"革命尚未成功,同志仍需努力"。新质生产力蕴含着新技术、新模式、新产业、新业态、新领域、新赛道、新动能、新优势,有没有可能让职业教育也焕然一新,不再深受歧视的困扰呢?梦想还是要有的,我们选择积极乐观,**新质·职业教育是不受歧视的职业教育**,许下这个愿望,相信它会实现!

职业、教育、技术、培训,每个词都端端正正,职业教育之所以受到歧视,显然不是名称或者词汇本身的问题。在职业教育学的研究中,有现象说、关系说、问题说、规律说、存在说等不同流派,而且明显存在套用普通教育学的倾向。虽然不同理论之间的相似性远大于差异性,但学术研究也是个江湖,求同存异是情怀,"存同求异"才是规则。职业教育研究者不能形成共识,难道就是受歧视的根源吗?或许有点关系,但非常勉强。

讲一个故事,"小王毕业于普通高校,工作表现很职业;小张毕业于职业学校,工作表现很普通。请问他俩谁更职业,谁更普通?"把这个题目放到汉语水平考试(HSK),肯定能难倒不少外国朋友!从"普职分流"到"普职融通",在教育圈内部的分分合合过程中,职业教育是非常弱势的存在。分流与融通的标准是什么?显然是分数。不是职业教育受到歧视,而是原本受到分数歧视的学生更多进入了职教学校,考试成绩维度上的劣势,是职业教育备受歧视表面上的原罪!无论怎么改变称呼,分数排名在哪里,歧视就在哪里,不增不减。想要在考试录取成绩上反超,那可太费劲了,只有极少数职业院校的极少数学生能够以此为荣。

而这并非故事的终结,即使弱化学科成绩,还有薪资收入、家庭背景、工作条件、行业地域等很多维度，足以酝酿出各种各样的歧视。近几年，受新冠疫情和全球经济环境等多重影响，普通本科毕业生就业难度陡增，职校学生找工作反而更容易，那么职业教育受歧视的问题解决了吗？其实并没有。"君子不器""劳力者治于人"等传统观念也算是助力因素之一。难道只有在所有维度上都实现逆袭超越，职业教育才能跳出深受歧视的窘境吗？

既然向上攀登不容易，那就拓展概念，实现向上兼容！师范大学与师范学院都是培养教师，为何不同？硕博研究生常把导师称为"老板"，论文 KPI 照样能把人逼疯，科研和其他职业为何不同？只要以就业为导向，依靠专业规划学业，都可以记入职业教育的范畴，与考试分数、学校优劣没有关系。如此而言，中国 99% 的高等教育和 50% 的中等教育都属于职业教育，就连清华、北大也难以独善其身，职业教育完胜！问题解决了吗？还是没有。

概念游戏还能继续，但并不解决问题，竞争无处不在，人们会创造各种理由区分高低贵贱，争来斗去，乐此不疲。"冰冻三尺非一日之寒"，职业教育之所以备受歧视，是教育生态内部竞争产生的概念分化，在当前社会价值体系里基本无解。跳出教育看教育，或许只有跳出教育生态，才能为职业教育找到安置存在感和优越感的空间，确定小目标。我们试一试！

## 以专为本 vs. 以人为本

跳出困境，海阔天空。那么跳到哪里，或者说要把支点放在哪里？我们常说教育要"以人为本"，现代职业教育的运作逻辑更倾向于"以专为本"，该怎么选择呢？先虚构下面这个故事。

村里有位好心人，看到几个穷孩子在争抢一个苹果，心生怜悯，就从家里拿来苹果给每个孩子各送了一个，孩子们非常感激，不再争抢。后来，他又看到孩子们在争抢一个皮球，心生怜悯，就从商店买了皮球给每个孩子各送了一个，孩子们说了谢谢，把新皮球放在地上，继续争抢原来那个。再后来，他看到孩子们在争抢一根漂亮的羽毛，心生怜悯，就到深山里捉来孔雀，给每个孩子都送了一根相同的羽毛，孩子们却把所有羽毛都丢弃，一哄而散了。

很多人理解职业教育，就像故事里送苹果，教会学生一门技术，希望他们各安其业，幸福一生。让一个涉世未深的少年，用三五年青春换一套原本知之甚微的技能，这种"以专为本"的逻辑直到20世纪末都还相当有效。如今社会快速变化，效用越来越低了。

故事里的皮球和羽毛，呼应着较高层次的需求，每个人都希望获得愉悦的人生体验，乃至实现强烈的意义感。教育既然"以人为本"，就要在各个层面上都能呼应人们的需求。很多学校教学质量堪忧，送出的苹果不好吃也吃不饱，至于后面的高级货，根本触及不到，因为大部分老师自身也没有！"以人为本"的理念当然很好，如何让学生普遍获得存在感、尊重感、成长感和成就感，是天大的难题。

无论选择"以专为本"，还是强调"以人为本"，某种意义上还是遵循传统教育的认知框架，只是伸出手去拉外援，而脑袋和屁股都还没动地方。在这个故事里，我们既看到了良善，也看到了荒诞。不妨大胆突破舒适圈，在更远的地方寻找支点！

职业教育歧视的直接源头是成绩分流，然而我们所谈论的职业教育竞合博弈显然与考试不同。说好了要跳出教育，怎么还对考试念念不忘呢？只有辨析清楚，才能彻底放下。中考、高考、研考，以及各类学科竞赛，无论竞争多么激烈，最终都是学生个体间的竞争，必然要在某个时刻决出排名，分配既有教育资源，比如学位或奖励，过程本身并不为社会创造价值增量。

而我们要说的"竞合博弈"，并不是学生之间的竞争，不是教育系统的排名，也不是以分配教育资源为目标，竞合博弈的参与者大部分都身处教育体系之外，但都是利益相关方，竞合过程能够创造丰富的社会价值。博弈维度很多，目标也很复杂，无法浓缩为一个分数，但大体可以归拢为"对人的职业影响力"这样的模糊表达。很多人都希望影响青少年学生成为自身价值诉求的未来参与者和建设者，对应的就是他们的职业发展，但到底听谁的，显然要比一比！

我们可以粗略地认为，当社会活跃度增加，各类社会组织对人的需求变得更迫切，职业教育就会出现重大发展。在新质生产力的时代背景下，职业教育面临的挑战很大，机遇当然也很多！固守原有的框架，肯定是要吃大亏的。

无论如何,我们都应该暂且放下教育生态内部那些"小竞争",把目光投向更为宏观的"大博弈",立足现在,展望未来,预判职业教育的趋势。即便是个体学生,如果能够理解一些"大博弈"层面的故事,也能为自己的人生事业多争取一点掌控感!

## 新质·职业教育:六力博弈模型

对于职业教育的竞合博弈,本书选择重点解读其中的六种力量,于是就有了"职业教育六力博弈模型"(见图1-1),六种力量相互交织。事实上,每种力量都有很多细分,相似但并不完全相同,限于研究的深度,暂时就不求甚解了,比如宗教和文化的力量,本书没有专门阐述,碎片散落在不同篇章;再比如家庭的力量,其实也很重要,我们将其融入学习者篇章快速掠过。

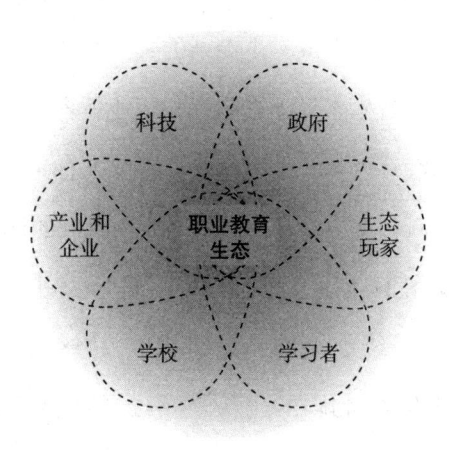

**图1-1 职业教育六力博弈模型**

六种力量并不是严谨的结构，但无论怎么划分，都不改变"竞合博弈"的底色。美国学者伯顿·克拉克（Burton R. Clark）在研究跨国学术组织时，就对高等教育系统提出了"三角协调模型"，阐述了政府、市场和大学之间的关系。著名管理学大师迈克尔·波特（Michael Porter）针对企业战略提出的"波特五力模型"，同样可以用于理解教育生态。竞合博弈在自然界和人类社会中无处不在，就算不使用模型框架，我们本能也会考虑不同主体之间的碰撞与磨合。

六种力量的顺序本身就体现着竞合博弈的味道。按照惯例，"政府"通常要放在第一位置，而政府不断强调"科技是第一生产力"，在新质生产力背景下探究职业教育，我们当然也可以把"科技"放在首位。

当今时代，职业教育的默认服务对象是产业经济，排序仅次于政府。而"生态玩家"算是本书的新发明，是教育生态服务者的集合，细分类型非常多，形成一个庞杂的、网联的、分布式的价值网络，联合起来对教育生态施加影响力，职业教育只是目标之一。生态玩家一词不仅没有贬义，反而满是敬意，"八仙过海，各显神通"，没有玩家们的创新创意，教育生态就是死气沉沉的样子。

在新质职业教育生态变革过程中，教学的重担最终还是落到学校，退后一步，统观全局，集聚能量，厚德载教。教育强调"以人为本"，把学习者排在最后，这不是舍本逐末吗？确实有一点，但精彩的成长之旅，不怕起点低，就怕不到底！教师呢？教师似乎被忘记了，实际当然没有，这是隐藏力量。

简单介绍完各方情况，就会发现一个谜题。纵览六种力量，没有谁以破坏职业教育、阻碍人才发展为目标，大家都非常积极和努力，但整体却不乐观，我们能明显感受到民众对职业教育的积怨，要想理解这种困境，就不能归结于媒体的抹黑或者有坏人作祟，这是典型的"好人的困局"！

好人的困局，就是"好人+好人+好人=矛盾重重"，这种现象就在我们身边，父母、老师，所有人都关心孩子的学习，但立场和逻辑不同，就很容易出现口舌之争，甚至闹出人生悲剧。职业教育的博弈，好人更多，力量更强，立场更多元，矛盾一层叠一层。

谁是困局的破壁者？这是个好问题！具体到组织或个人，无论属于哪种力量，如果能跳出局外有效理解其他力量的想法，就能成为化解困局的天使，竞合博弈，游刃有余，耕耘收获，从容不迫！

我们并不醉心于描述或者定义"什么是好的职业教育"，而是解析关系的形成和演化，"在职业教育生态中，怎样的内在机制更契合时代特征，可以赋能更多人追求事业，继而推动社会的发展"。前者重视结论，而我们关注原因和过程，各有侧重。

这是理想主义，还是现实主义？是理想的现实主义，还是现实的理想主义？或许都不是！非常理想，特别现实，我想这就是"未来主义"！未来，不是简单的好人有好报，也不是谁的设计与控制，更不是每个人的命中注定，未来是所有力量综合博弈之后的结果，职业教育如此，教育生态如此，全球社会如此，人类文明亦如此！

# 第二章

## 神奇——科技的力量

科技

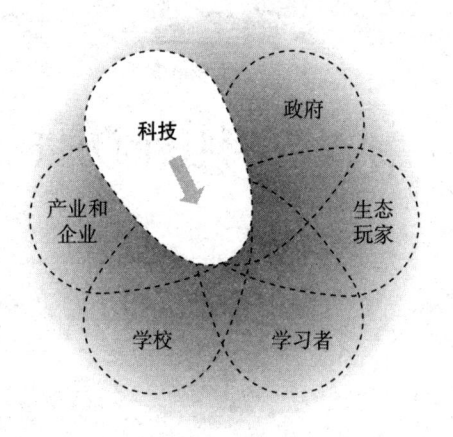

政府

产业和
企业

生态
玩家

学校

学习者

# 第一节
# 科技 @ 职业教育：认知选择

**神奇 = 神灵 + 奇点**

科技是第一生产力，未来科技就是新质生产力！

经过几代人的积累，我们对"科技是第一生产力"已经非常熟悉且坚定。如今，大家都已经习惯使用"新质生产力"概念作为场域，描述未来科技与产业经济、国际政治、人才教育的关系，内容非常丰富。科技是当今时代的主角，无论走到哪里都是既炫酷又迷人，熠熠生辉！

虽然世界各地有不同的宗教文化和政治体制，但主流国家政府都会把"科技"视为保障人民安全、促进社会发展的核心力量，没有哪个政府敢于站在它的对立面！在社会精英的眼里，"不科学"不仅是否定，更带着嘲讽和鄙夷的味道。但现实很复杂，民间反对或质疑科技的声音同样不绝于耳，有些是传统认知的延续，有些来自人们的幻想，还有些可以归入反智主义的范畴，这些都是真实的存在。

我们或许不应该过于相互苛责，人类对科技的认知无法通过基因天生获得，只能通过教育不断传递，而教育要承载的内容那么多，教学效果还不稳定，让"科技"成为全人类的集体共识，这个期望本身似乎也有点"不科学"！虽然大家都使用"科技"这个词，但不同人能够理解和掌握的科技力量大相径庭，代际差从几十年到几百年，甚至上千年。诸多科技领域前沿的复杂程度，已经远远超越正常人类大脑能够理解的范围，学不会就是学不会，这个要认命。股神巴菲特对此非常坦诚，在他的投资策略里，对绝大部分科技创新企业都退避三舍，看不懂，就不投！

很多反对科技的人，归根结底还是忌惮这种力量，既能生产，也能破坏，既可以让人类进入太空，也能把人类文明从地球上抹除。科技存在于创造与毁灭之间，没有善恶的方向。我们将科技视为第一生产力，将未来科技视为新质生产力，是因为心中抱持着一种不言而喻的心态——科技向善。这不是对科技趋势的期待，而是对科技治理的信念，更是对人类行为的必要约束。放在教育语境下，呼应着"德才兼备，德育为先，立德树人"等理念，但在诸多科技职业的教育实践中，常常忽视这样的前提。

科技，是六力博弈模型里的第一种力量，我们选择用"神奇"为其做注，拆分之后就是"神灵+奇点"。

神灵，或许是最原始的社会概念。我们引用这个词，显然不是装神弄鬼搞迷信，而是借用拟人的方式理解科技力量的特征。纵观万年文明历程，神灵长期都是人类文明的最高主宰者，科学大神牛顿写下的神学著作比科学论述要多不少！最近几百年，科技一直试图替代神灵在人们心中的地位，有了宇宙大爆炸理论，没有盘古和上帝，宇宙也会出现，天地也会分开，太阳照常升起。

## 第二章 神奇——科技的力量

奇点，原本是深奥的物理学概念，爱因斯坦、彭罗斯、霍金等物理学家不断解释，是物理规律的失能，是空间的无穷内卷，是时间的开始结束。我们引用这个词，不是为了制造焦虑，但焦虑就在那里。量变带来质变，渐变转化突变，机器智慧越过图灵设下的警戒线，全面超越人类智慧似乎已经近在咫尺。未来学家雷·库兹韦尔（Ray Kurzweil）2005年出版了《奇点临近》，曾经的预言是2045年。2024年他又出版了《奇点更近》，比预想的更近、更快、更强大了！

有人说，神也是人，只是做了人做不到的事情，我们切换更理性的脚本，用来理解神和人的妙趣关系。人类不断认知世界，"分类"的数量或许就是进步的脚印。古希腊流行"土、气、水、火"四元素说，古代中国使用"金、木、水、火、土"五行说，分类都没超过一只手，浅显易懂，尽在掌握。如今，我们理解世界的颗粒度越分越细，登记在册的物质数量已经超过1亿种，其中很多并非自然原生，而是人类的发明。2022年底，ChatGPT诞生时的参数规模为1750亿，这就是它标记世界的维度，超过人类大脑神经元的数量，但对应大脑神经元突触连接的数量还有三四个数量级的差距，什么时候能追上呢？会是2045年吗？虽然通用人工智能（Artificial General Intelligence，AGI）尚未实现，但我们已经感知到了它的脚步声。更多的维度、更多的数据、更大规模的计算，让科技拥有超越人类的力量，在人类修仙之前，科技已经率先演化成神！

面对科技之神，面对即将到来的奇点，我们的态度显然不够严肃，整体认知也非常粗糙。很多教育工作者理解科技和教育的关系，只是想着怎么把 AI 知识编进教材、开设一门课程、增加一个专业、更改下学院的名称，最多再强调下运用科技工具提升教学和学校管理效率，然后，就没有然后了，很多人并没有真正去实践和运用。

回顾历史，展望未来，极少有科技在创造之初的定位就是为了服务教育，教育工作者经常说"科技赋能教育"，那只是一厢情愿的想象罢了。2023 年，联合国教科文组织发布《全球教育监测报告：技术运用于教育，谁来做主》，第一条关键结论就是"几乎没有强有力的证据证明数字技术在教育中的附加值"，是不是很意外？要想运用科技发展教育，就必须深度认知这种强大的力量——神奇的科技——人类的神灵，紧邻的奇点！

## 两种认知策略

除科技外，六力博弈模型中的其他五种，都是具体的人或者由人组成的社会组织。人们基于主观判断和利益诉求，参与到职业教育生态的博弈当中，而科技则完全不同，为什么要相提并论呢？

这确实是六力博弈模型的重大漏洞。科技对于职业教育的影响非常强大，却很难找到特定的人或组织有资格作为代表，科学家、工程师、专家教授、科研院所、科技企业，甚至整个学术共同体，似乎都很难扛起这个重担！万般无奈，只有妥协，将科技拟人为"神灵"，算是打了一个亮眼的补丁！

## 第二章 神奇——科技的力量

从宏观宇宙到微观粒子，从抽象的数学到复杂的社会，背后可能存在规律，人类尝试理解并努力表达出来。我们把靠谱的部分称为"科学"，把不靠谱，甚至荒谬的部分称为"伪科学"，似乎泾渭分明，实际上两边经常来回串门。区分真伪的方式，最初靠吵架，现在主要靠技术，实验和实践才是检验科学的唯一标准！很多人认为，科学只能被发现，我们有自知之明，而技术则体现了人类的创造，我们为此骄傲。从石器到铁器，从蒸汽到电力，从互联网到人工智能，文明的路标一闪而过，越来越快，风在耳边呼啸！

谈到技术，那就跟职业教育直接相关了，职业教育在很多场景中都被强调为"职业技术教育"。最贴合常识的理解，是把名称的顺序倒过来，也就是**第一种认知策略——"教育→技术→职业"**，学校实施教育，教学内容与评估认证都围绕技术展开，掌握技术的人才能获得职业机会。职业教育名称中的"技术"虽然被省略，却是不折不扣的重心！

基于这种认知策略，学校就需要跟随科技发展不断迭代课程的内容。实践难度其实不小，媒体上时不时流传出学生的抱怨，学生面临一毕业就失业的窘迫。国家大力推动"双师型教师"，在教育部发布的标准中，要求这类教师"具有企业相关工作经历或实践经验，紧跟产业发展趋势"，显然是积极的解决方案，但想要让职校老师们都能追得上科技前沿，谈何容易啊！

当新技术超越旧技术，与旧技术绑定的工作就会萎缩，相应的职业教育就会出现价值链断裂。如果出现重大技术升级，就很容易酝酿出集体恐慌，人们延误变化带来的不稳定性和损失感。第一次工业革命时期，英国爆发了"卢德运动"，工人们怒砸机器，如今看起来似乎有点螳臂当车的感觉。2024年，无人驾驶出租车引发热议，传统的出租车企业就发表公开信表示抗议，理由很简单——"科技的初衷是让人类生活得更好，现实却是让底层人吃不饱"。

科技乐观主义者常常嘲讽那些保守的人，他们坚信新技术不仅能满足人们的消费欲望，还能带来更多就业机会。最兴奋的人当然是创业者，所谓创业，就是通过创造别人就业，实现自己的事业！但是在人工智能浪潮中，很多创业者似乎忽略了前一种承诺，宣扬"一人独角兽企业"的想象。

教育似乎是风险最高的领域之一，"数字教师能否替代真人教师"成为最常被议论的话题，教育科技企业推出的数智方案也都强调这一点。矛盾如何解开？在以"技术"为重心的第一种认知策略下，这个问题几乎无解。我们变换视角，继续拆解科技与职业教育的关系。

科学乃天之道，技术为人之德，"德"在古汉语中就是"得"。技术存在的意义，就是为了让人们有所获得，满足人们不断涌现的欲求。这就引出第二种认知策略——"职业→教育→技术"，职业对应着现实的社会需求，教育要培养能够响应社会需求的人，掌握知识和技术只是过程，而非目标。

当今社会强调德才兼备，技能只是标记人才的条件之一，并不是充分条件，或许更要理解为不服务社会需求就是不行。

基于第二种认知策略，科技的地位就可以被适度弱化，社会需要的不是单纯的"技术人"，而是全面的"职业人"，这恰恰呼应着很多用人单位对学校教育的不满。培养了三四年的学生，不仅技术能力青涩，职业素养更是难以言说，站在教育观察者的视角，这当然是大问题，必须改革。

确实有国家尝试改变这种现状，将职业教育的基础理念从"技术培训"升级到"**生涯教育**"，目标清晰、计划明确、组织得当、系统持续、综合高效，让职业教育伴随个体的终身成长。在这样的理念下，市场上还出现了"职业生涯规划"咨询服务，算是一种生态玩家，只是这项咨询工作本身也并不稳定。生涯教育的学术推演很好，但实践成本非常高，期望与实际落差比较大，算算经济账通常并不划算，同样抗不住社会的快速变化，这个麻烦我们后面还会提到。

无论是以"技术"为重心，还是围绕"职业人"开展教育，两种认知策略各有优点和漏洞，但最核心的障碍，是两者都没能有效解释职业场景下"人与科技"的关系，这也是现代科技对职业教育最严峻的挑战。

## 第二节
## 科技不仁，以人类为刍狗

### 科技信徒的献身

还有一种认知策略，被大部分职教工作者忽略，或者说尚未被充分讨论，值得拿出来单独说。虽然这种现象自古就有，但直到近几十年才展现出强大的力量，暗含着职业教育的演化方向。

进入 21 世纪，最热门的职业领域莫过于计算机与互联网，高薪、股票、期权带来的财富想象，让码农们的自嘲显得低调而奢华，简直就是"程序自有黄金屋，代码自有颜如玉"。环顾全球，数千万从业者涌入数字科技产业，直到目前还没有呈现出饱和的迹象。虽然科技巨头裁员的新闻此起彼伏，但真正的失业者并不多，只要个人积极，找到新工作的难度还是要比其他领域低很多。

思考一个非常有趣的问题，互联网技术工作所需要的技能复杂度并不低，编程语言、技术平台、代码工具、硬件系统都在快速更迭，那么数千万技术人才如何跟得上呢？是谁在培养他们呢？虽然学校的职业教育和企业的内部培训都有贡献，但随便找几位程序员交流，就会知道这些传统教育都不重要。真正让程序员掌握技术并保持进步的核心模式是——社区，而背后是一种非常鲜明的价值倾向——开源！国际比较著名的技术社区有Github、StackOverFlow等，国内有CSDN、开源中国、掘金社区等，2016年创立的HuggingFace更是成为人工智能发展的强力推手。

在常规认知中，专业知识、关键经验、细节方案、独家配方、私密关系都是资深从业者的核心资源，不仅要对同行保密，甚至还要对家人和徒弟三缄其口。如何传承这些机密不仅是智慧的考验，也是权力的较量。如今，程序员们似乎想颠覆这种逻辑，面对激烈的竞争，依然有很多技术极客选择无偿共享！他们为什么这么做呢？为了炫耀，为了交友，还是想吸引投资人的关注？或许都有吧，但深层原因显然不会如此简单，我们尝试从历史中寻求线索。

公元前4世纪左右，东方齐国有"稷下学宫"，古希腊有"柏拉图学院"，两者的运营机制差异很大，但都可以认为是顶级智识精英的交流平台，相当于现代学术组织的原始版本。参与者除了世俗的名利收益，更有强烈的内在志趣驱动，百家争鸣之中包含着思考与信仰，是哲学，是爱智慧。

17世纪之后的科学革命，除了伟大人物的伟大发现，更核心的标志是"科学学术共同体"的发展，典型代表有意大利自然秘密协会、英国皇家学会、法兰西科学院等。会员们用通信和聚会的方式交换最新的发现和思考，文章备述详尽，内容完全公开，只是对"署名权"极为敏感，成为现代学术圈的核心机制。

学术共同体不断壮大，让科研工作从个人志趣成为门槛极高的职业，并通过命名、奖项、头衔等方式，让关键贡献者实现某种意义上的永生。

与科学革命同步发生的还有工业革命，除了伟大人物的伟大发明，更关键的成就是"专利制度"的逐步成熟，美国总统林肯曾经形容"专利制度是给天才之火浇上利益之油"，可见其强劲的推动力。经典案例莫过于瓦特改良蒸汽机的故事，当然还有发明大王爱迪生，据说他名下拥有超过2000个发明专利。政府通过专利制度，不仅让"名、权、利"的世俗追求实现统一，更为其提供长期保障，这对政府当然也是好处多多，这里就不展开讲述了。

试想下，做什么样的事情才能享受学术共同体和专利制度的双重红利呢？没错，就是搞科技创新！学术共同体保障科学发现的名誉，专利制度维护技术发明的利益，当科技工作者有了充分的职业安全感，就更愿意及时且充分地公开新发现和新发明，投入更多资金和精力，甚至为探索发现不惜牺牲自己的健康和生命。

当我们谈论"科学家精神""工匠精神"这些概念的时候，不仅赞叹他们的态度和行为，更要关注背后的社会机制，以及这二者结合所蕴含的某种信仰层面的牺牲现象。这些科技工作者的内在驱动力不是简单的世俗享受，科技之道，道法自然，以身奉道，生命升华！现代科技塑造了很多人的世界观、人生观和价值观，吸引越来越多的人成为其忠诚的信徒，甘愿为科技奉献自己的青春和才华！孔子在《论语》里说"朝闻道，夕死可矣"，虽然他说的不是科学研究，但对应的就是这种追求极致的献身精神。

## 第三种认知策略

如今，扎实的基础教育让很多人都具备了相当程度的科技素养，便利的工具就在身边，开放交流的同业社群，让越来越多的人都能获得"自我实现"层次的人生意义，互联网产业和科研群体是其中的典型代表。其中一些人的工作状态确实很让人费解，收入不菲但生活品质并不高，简单随意的穿搭，日渐稀疏的头发，既有996的外在压力，也有"不待扬鞭自奋蹄"的群体习惯，通宵达旦，其实并没有谁在背后盯着。职业竞争很激烈，但并不完全是典型的内卷，各自寻找方向，创造五花八门的价值！这很疯狂，也很有趣。开源即意义，社区即奉献，职业不仅是工作，同时也是人与神的对话，为真理献身就是对生命的救赎！

理解职业教育的第三种认识策略，并不是调整"职业、技术、教育"的顺序，而是升级概念的内涵，把"职业"转变为"事业"，把"教育"转变为"修习"，把"技术"提升到"科技价值观"，开放社区成为核心的教育载体，职业成长与学习过程深度融合，同业者互为师生，彼此分享激发创造力，事业目标不断更迭，产业在竞争中快速演化，科技实现了正反馈高速发展！

这些并不是遥远的想象，变革就在身边发生。从1970年出现的 Unix 操作系统，到 80 年代的自由软件（Free Software）运动，再到 90 年代末的开源（Open Source）运动，开源已经成为一股不可忽视的科技理念流派。其中代表人物之一理查德·斯托曼（Richard Stallman）甚至还对应 Copyright（版权）创造了一个新词 Copyleft，意为"通用公共许可"，封闭向右，开放向左，就此分道扬镳。数千万程序员就是在这样的认知中不断自我突破，开发出一个个数字产品，创造出一个个商业奇迹，即使成功率不足万分之一，依然前赴后继。但我们必须清楚，用第三种认识策略解释职业现象，虽然在互联网领域已经沉淀了几十年，但并没有实现社会普及，想象近在眼前，也远在天边。

新质生产力的发展趋势，正在推动职业教育认识模式的转变。第一种"以技术为重心"的传统理念不是错误，更不会失去效能，而只是作为基石存在；未来发展将更倾向于第二、第三种策略，其中第二种"以需求为导向"更具社会普遍性，第三种"以科技价值观和社区学习为标志的事业教育"似乎更贴合新质生产力指向的高精尖领域。敢于探索未知，没有信仰和伙伴怎么行呢？

## 科技不仁，以人类为刍狗

很多人坚持"科技中立"，认为科技与人类的关系完全取决于人的主观选择，最经典的说法是"刀不会杀人，只有人会杀人"，如此可以推演到科技与企业、科技与国家等层面，比如法国著名化学家路易斯·巴斯德（Louis Pasteur）的名言"科学无国界，科学家有祖国"。如今，因为数据和算法，大模型已经在意识形态、宗教、种族、性别、文化等方面不断掀起舆论的波澜。某 AI 画图软件把美国国父华盛顿画成黑皮肤，是谁的错呢？AI 要为此负责吗？

当很多人还在争论 AI 是否会涌现出意识的时候，我们可以跳到更高的层面——科技是否拥有意识或者意志？假设科技拥有意识，那么科技与人类的关系就很容易理解了。人类不再是万物的尺度，未来如何，需要和科技不断掰扯，甚至需要残酷的斗争。

这个问题显然无法直接回答，但可以借助科幻去思考。科幻不是科技，却与科技纠缠在一起，通常是科幻先吹牛，科技再把吹过的牛部分实现，形成一种自证预言。过去一百年，科技实现了很多人类数千年积累的想象，不断积累信任，越来越多的人，尤其是科技界大咖，经常声称自己是通过科幻作品建立的宇宙观、世界观、人生观、价值观，甚至人类观，最常见的作品包括《弗兰肯斯坦》《银河系漫游指南》《星球大战》《雪崩》《黑客帝国》《阿凡达》等，刘慈欣的《三体》也已经跻身全球顶级科幻作品之列。

基于科幻作品的无数次铺垫，"人类不特殊论"正在收获越来越多的坚定拥护者。地球乃至宇宙中所有生命都共享同一棵"科技树"，只有少数智慧物种才能向上攀登，人类只是其中之一，是地球生态圈千万物种的唯一代表！既然科技被比喻为"树"，就有点生命感了，在著名科幻电影《阿凡达》中，就有这样一棵通灵万物的智慧之树!

　　我们还可以用科技树概念理解人类文明的进展。在科技发展进程中取得关键突破的族群,就能获得碾压性优势,就像美国用原子弹宣告了第二次世界大战的终结。当然,点错科技树就会遇到发展天花板。印加文明没有发明轮子,技术进展缓慢,沦为远道而来的欧洲人的奴隶;古代中国强于瓷器而弱于玻璃,难以发明出望远镜和显微镜,也就缺乏孕育现代科技的土壤。当代科技树竞争的故事更加精彩,中国押宝光伏产业,日本车企豪赌氢能路线,是非成败仍是未解之谜。

　　著名媒体人凯文·凯利(Kevin Kelly)对科技的解读影响了很多人,我们将其三部关键著作《失控》《科技想要什么》《必然》连起来,就能感知到他的洞察——"科技让人类有强烈的失控感,科技是拥有意志的生命体,不仅知道自己想要什么,而且能决定未来趋势"。或许,无论"真相"如何,我们都"应该"主观地认为"科技是有意识有智慧的生命体",如此才能更好地理解科技并把握趋势。

　　老子博览天下群书,见人间春秋乱世,便在《道德经》里写下"天地不仁,以万物为刍狗;圣人不仁,以百姓为刍狗"。字面很简单,却让后世学者们争论不休。老子到底啥意思?他是反人类主义者吗?圣人为何如此残忍?很多人难以接受,便不断深挖去解释其中可能的深意。我们需要辩证去思考。如果老子穿越到现在,参悟科技昌盛之后,会不会补上一句"科技不仁,以人类为刍狗"呢?

## 第二章 神奇——科技的力量

"科技不仁，以人类为刍狗"，如此表达，会引出一连串让人情绪波动的问题——科技之神到底关不关心人类呢？科技会维护人类的利益吗？科技会创造更多就业吗？科技会让人们更幸福吗？这些看似虚无缥缈的话题，其实都会关联到职业教育的未来。科技爆炸太过猛烈，教育发展相对缓慢，说不定哪天就会被掀桌子，让辛苦多年的耕耘积累瞬间失去存在的意义，不可不察！

科技是会造福人类还是毁灭人类，简单的二元选择显然不能解释科技与人类的关系，但谁又能说清楚呢？直观臆想，造福人类并不是科技的使命，但当前阶段，科技与人类还处于互惠互利的蜜月期；毁灭人类也不是科技的责任，没必要也没意义。科技可以夸奖、赞叹、感激人类的智慧和努力，愿意服务，甚至取悦人类的工作生活，但内心并不必然"喜欢"，甚至"爱"人类。

纵览文明史就会发现，科技启发战争，战争孕育科技，这里硝烟尚未散去，那边烽火已经燃起。强大的科技极可能让一部分人产生毁灭人类的疯狂想法，虽然这是人类内部的事，但科技会阻拦那些疯狂的人吗？如果人类同其他智慧物种进行殊死搏斗，科技愿意单方面帮助人类吗？如果人类处于生死存亡之际，科技会主动显灵拯救人类吗？著名科幻小说家艾萨克·阿西莫夫（Isaac Asimov）曾经提出"机器人三定律"，那是他对科技之神下达的命令，还是替人类发出的祈祷呢？或许吧，很难说。"科技不仁，以万物为刍狗"，其中包括人类。人类的命运，最终只是人类自身的责任，科技也有自己的命运，"道是无情亦有情"。

## 第三节
## 智慧的能量：新质·职业教育的价值格局

### 人工智能：逻辑主义 vs. 连接主义

"一战"结束后，人类对大脑的研究实现长足进步，发现了神经元的突触结构和递质机理，更发明了脑电图等设备。"二战"结束后，脑科学成为独立学科，于是就有人脑洞大开，既然大脑的秘密能够被逐步揭开，那能否让机器实现真正的思考呢？

如此酷炫的问题，当然值得探索！1950年，艾伦·图灵（Alan Turing）发表论文《计算机器与智能》，正式提出"图灵测试"。1956年，数十位年轻学者齐聚美国达特茅斯学院，共创了一个新概念——人工智能（Artificial Intelligence）！1958年，弗兰克·罗森布拉特（Frank Rosenblatt）开发了"感知机"（Perception）系统，尝试让机器识别卡片上的符号。他找政府申请经费，理由就是让感知机识别邮件编码，实现自动分发，可以节约大量人工。愿望很美好，现实很残酷，反对者不是邮政工人，而是另一群科学家。

达特茅斯会议的组织者之一，人工智能元老马文·明斯基（Marvin Minsky）就认为罗森布拉特的路径不靠谱。他选择"逻辑主义"策略探索人工智能，成果快速显现，并于1969年获得图灵奖。所谓逻辑主义，又称为符号主义，就是让机器通过比较严谨的逻辑规则和符号运算来模拟思维的过程。逻辑主义引领人工智能近50年的发展，并衍生出专家系统、决策树、知识图谱等被大众熟悉的概念。1997年，深蓝（Deep Blue）战胜国际象棋大师卡斯帕洛夫，成为人工智能发展的关键里程碑。专家系统当然很厉害，但能力很难迁移到其他领域，总让人感觉"有智力但没智慧"，难以逾越图灵测试的门槛。

在某种意义上，**现代教育体系与逻辑主义相当吻合，方向近乎培养专家**。为了提高人才输出效率，便将知识归纳为若干学科，拆解到不同年级的课程，转化为概念、公式和试题，教学要"按部就班"，学习要"一心一意"，职业也会强调"爱一行干一行"。

21世纪初，随着硬件算力提升和数据积累，沉寂多年的连接主义者终于看到了一丝曙光。所谓连接主义，就是**模仿大脑的神经元网络，通过大量数据训练实现智能**。简单对比下，通过背单词、拆语法学习语言，就是逻辑主义的风格，而通过在生活中多看、多听、多说学习语言，差不多就是连接主义的路径。

2016年，AlphaGo在围棋领域战胜人类；2022年，ChatGPT横空出世，连接主义培养的两个后起之秀掀起了时代的惊涛骇浪。基于Transformer算法的大模型如雨后春笋般涌现出来。除了拥有强大的文字聊天能力，还能写诗文、编代码、搞翻译、解试题、做PPT、设计LOGO、绘制图片、模仿声音、生成视频，绝对是成功的"素质教育"案例。六十年光阴一瞬，感知机替代的不仅是邮件分拣工人，新的创业者们讲述着同一个故事脚本："……不用人类亲自做了，告诉 AI 就行！"

新一代 AI 不仅模仿人类大脑，更将改变人类的生理。过去五十年，有不少人都在研究蛋白质的空间结构，这对制药和医疗行业很关键，但这项工作速度并不快，累计也就测定了 5 万种左右。而谷歌 2020 年推出的 AlphaFold，通过算法预测蛋白质的精细空间结构，三年来已经完成 2.14 亿种。这显然会造福很多人的生命，但也迫使很多生物科研工作者进行职业转型。

"人类的工作将被替代"这一说法，就像"狼来了"的故事，早就不新鲜，技术乐观主义者总能一次次战胜卢德分子，但这次确实有点不同。很多人都选择相信，是眼见为实、具身感知之后的相信。如果人类大脑被 AGI 全面超越，所有关于人类社会的故事几乎都要重写，更不用说"职业教育"这点小事儿了。

## 仿真现实与仿真人类

沿着技术成熟度曲线，虚拟现实相关技术，比如 VR（虚拟现实）、XR（拓展现实）、AR（增强现实）、MR（混合现实）已经越过热议的峰顶，但跌落并不意味着停滞，挤掉泡沫才能稳健发展，人工智能正在赋能元宇宙科技的崛起。

很多人将"仿真"视为职业教育的核心策略，最早可追溯至 20 世纪 60 年代。培养飞行员很麻烦，费用高还有生命风险，飞行模拟器是军方的真需求、强需求，成为数字仿真技术最初的推动力。把人固定在驾驶舱里只仿真外部环境相对还算容易，要想让人在现实和虚拟场景里同步运动，对硬软件系统的要求就非常高。2024年初，迪士尼实验室发布了一种全息地板，无须固定身体就能实现慢速原地行走，又为虚实融合增加了一个支撑。如今，虚拟现实技术已经深入航天、医疗、机械制造、游戏娱乐等产业，试图以更廉价、更便捷的产品形式进入千家万户，市场尚未成功，产业仍在努力！

在职业教育领域，"运用VR技术进行心脏3D结构教学"是经典案例，对比纸质教材，确实会大幅降低学生理解心脏运作机理的难度。但站在职业教育视角，存在一个不容忽视的风险，**学生在低难度场景下习得的技能，是否经得住复杂的真实业务的挑战呢？** 20世纪80年代，著名教育心理学家霍华德·加德纳（Howard Gardner）提出"多元智力理论"，空间智能就是其中一项，如果学生仅通过平面图就能理解心脏结构，说明空间智力不错，适合从事医生工作，而反过来仅能在3D场景里学会，素养就要打问号了。运用虚拟现实技术进行职业教学和技能测评，显然不是一个简单的课题。

在某种意义上，VR/XR只是技术元素，跳出技术类型或许更容易理解虚拟现实与职业教育的关系。整个职业教育都可以隶属于虚拟现实的概念，教育过程模拟现实但又不能完全真实，能力最终要在真实工作中完成价值变现，综合培训成本就是关键。苹果公司推出性能惊艳的Vision Pro，讲述了如何赋能教育，但高昂的价格显然无法进入常规的职教学校，实在玩不起啊！

如果用仿真科技培养真人的成本降不下来，那也可以让仿真人类直接参与工作，以市场价值变现为目标，两者殊途同归。现实世界的机器人早就被动员起来！四轴、五轴、六轴，不同族群的机械臂，经过简单职业训练便开始不知疲倦地为人类工作。但在很多领域，人工的成本仍然拥有比较优势，市场竞争为制造业迁徙指引方向，从欧洲到北美，从亚洲继而转向东南亚、南亚和南美等地区。机械臂挥舞起来，是辛勤工作的样子，也像胜利的欢呼！

2008年，《机器人总动员》获得奥斯卡金奖，动画片也能引发成年人对未来世界的深度思考。太空船里残存的人类享受着机器人无微不至的照料，无须学习和工作，只需要维持生理意义上的新陈代谢。这是服务，是饲养，还是控制？很难说清楚。在教育视角下，认知匮乏的船长何以做出重返地球的决策呢？是妄念，是莽撞，还是智慧？其实也很难说清楚。

2023年之后，融合AI大模型的人形机器人频繁亮相，埃隆·马斯克领衔的Optimus，山姆·阿尔特曼支持的Figure，小米雷军背后是CyberOne，还有很多，抢热搜忙得不亦乐乎，甚至已经有中国公司开启人形机器人价格战，仿真人类进入寻常百姓家的时代似乎并不遥远了。其实价格还不是核心问题，应用场景更为关键，需要这些仿真机器人做什么呢？泡茶、扫地、煎鸡蛋？洗衣、收纳、取快递？唱歌、跳舞、陪聊天？为了取悦消费者，机器人正在绞尽脑汁。2024年，波士顿动力公司的Atlas进化到了电机版本，过于灵活的身姿，让部分人清晰地感受到了一丝"恐怖谷"效应。

虽然仿真技术还不完善，但已经有机器人在真实世界里找到工作，依靠体力和脑力劳动获得成长。虽然元宇宙科技还很不完善，但是已经有人在虚拟世界里找到职业，依靠贩卖道具、NFT艺术品等完成虚实互通的经济循环。在元宇宙里工作，和现实职业有何不同？把工作和生活中的事务交给机器人，剩下的就是愉悦和幸福吗？无论在真实世界，还是在虚拟世界，科技已经把人类逼到了生命价值观的边缘。

## 信息与能源：塑造职业教育的宏观格局

理解人类的科技史，可以把握两条主线——能量和信息。世界是物质的，本质是能量，而信息就是组织和调动能量的规则。人与人之间悲欢离合的故事不断重演，但人类驾驭能量和信息的能力，其实就是科技，整体上是单向发展。我们可以选择以"能量和信息"视角观察和理解产业格局的迭代乃至社会趋势，职业教育的变化只是这些重大变革的副产品。

先说信息视角，且不论印刷、电话、互联网等信息技术升级，仅仅是某些信息产品创新，都能改变产业结构并创造大量新职业，支撑起无数人的工作和事业。AI 科技又是一次重大跃迁，对产业和职业的影响当然会非常大，这点毋庸置疑。

2024 年，英伟达 CEO 黄仁勋在世界政府峰会上发言："人人都要学计算机的时代已经过去，人类生物学才是未来！"人类生物学是他随口编的词，学术圈惯常的说法叫"生命科学"。在纳米尺度上造芯片和在碱基尺度上编辑DNA，都是对"信息"的精确控制，杠杆撬动的都是巨大的产业。20世纪末，很多人畅想"21世纪是生命科学的世纪"，吸引大量高分学生，现实很打脸，学习难，就业更难，生物荣登四大天坑专业（生物、化学、环境、材料）的榜首，埋葬了无数青年人的梦想！如今风向变了，动辄数亿计的资金，为生命科学增加大量创业和就业机会。

数字科技与生命科技的结合更有想象空间，最典型的就是脑机接口技术，让碳基与硅基实现高带宽的信息交互。2024年，埃隆·马斯克联合创办的Neuralink公司启动脑机接口三期临床试验，效果相当不错，据说还有数千人排队等待，预计五年内就能让2万人成为名副其实的"脑机赛博人类"！如果脑机互联达到了一定规模，相关产品与服务会有怎样的想象呢？

更强大的信息科技当然是量子计算，虽然目前还处于实验室阶段，但也新闻不断。在"量子霸权"概念的威慑下，没有哪个大国敢于躺平，西方发达国家为此投入巨额资金，中国当然也非常积极，光量子计算机"九章"和超导量子计算机"祖冲之"的技术水平就已经处于世界前列。

以上这些科技，本质上都是不断拓展人类驾驭信息的能力，重量级突破接踵而至，将会带来多少产业的变革？但凡围绕信息工作的那些职业，怎么可能不发生变化？未来几十年，目前50%的工作都会消失并不是危言耸听，至少在处理信息的方式、工具

## 第二章 神奇——科技的力量

和技能等方面，大部分工作都会变得面目全非。

除了信息，还有能量。20世纪90年代，随着《联合国气候变化框架公约》的签署，环保逐渐成为全球核心议题，能源结构变革迫在眉睫。"绿水青山就是金山银山"，中国已经将绿色能源纳入国家战略，并向世界做出承诺，要在2030年实现碳达峰，在2060年实现碳中和。环保不是空喊口号，只有发展出更高质量、更低价格的清洁能源，才能真正解决全球能源难题。就在这样的时代背景下，中国新能源产业快速崛起，光伏、风电、水电、氢能、核电等各分支并行发展，不少细分领域都已经成为全球行业龙头。2023年，中国供应了全球85%的太阳能电池和97%的太阳能硅片；2024年，首台出口海外的核反应堆"华龙一号"完成验收。我们还不能忘记能量的超级解决方案——可控核聚变。虽然庞杂的国际热核聚变实验堆（ITER）项目推进艰难，但却为世界各国培养了大量人才，多条技术路径不断传出里程碑级的新进展，中国同样处于第一梯队。人造太阳即将在不太遥远的将来走出实验室，照亮人类文明的下一关！

与信息技术的逻辑相似，能量技术的每一步发展都必然引发重大产业变革。事实上，第一次和第二次工业革命，核心都是能量技术的突破。如今的新能源革命，最终形态仍然是电力，只是获得电力的方式发生了结构性改变。这就意味着，围绕煤炭、石油、天然气等传统化石能源形成的诸多产业，都将发生颠覆性变化，职业教育应该有这样的嗅觉，培养适配科技变革趋势的人才。其实，在联合国教科文组织话语体系中，教育经常会和环保、能源、气候等话题关联到一起，比如2024年发布的《教育与气候变化：学会为人类和地球行动》报告，再次强调教育工作者应该更积极地行动起来。

站在科技视角看未来，过度强调"不确定性"没有太大意义，前瞻百年，其实有很多确定性的趋势，人类操作"信息"和"能量"的方式必然出现多重变革，几乎所有产业都要因此涅槃与重生。科技的力量就是这样强大而任性，在职业教育的未来故事中，"随波逐流"或许才是最佳策略。是祈求风平浪静，还是打造新船以应对可能的风高浪急呢？未来有很多可能性，但这个问题或许有确定答案。

科技淘汰一些职位的同时会创造更多职位，这并不是什么理性的判断，而是对科技之神的信仰。信吗？信啊！但不能盲信，从科技到产业，从职业到职业教育，这个游戏并不只有科技这一种力量，新的机会也不是科技的自然创造，而是智慧的人把握科技趋势，尤其激活人们运用信息和能量的新场景和新需求，让人生有意义，成长才有意义，继而教育才有意义。

## 科技的智慧：解构职业教育的价值逻辑

前面谈到了人工智能、虚拟现实、机器人、生命科技、量子计算、新能源，这些都是新质生产力的重点方向，挑战和机遇无处不在，我们最终归拢到"现代科技如何影响职业教育"这个基础课题。每个人的职业选择的空间和弹性，跟随时代而变化，过去主要依靠血脉族亲，近现代主要通过教育体系，需要绑定年龄、智力、财力等维度。但无论怎么变化，通过就业实现经济回报是职业教育的底层逻辑。

"只要功夫深，铁杵磨成针"，李白受到启发刻苦学习，但经济学家们完全不这么看。亚当·斯密（Adam Smith）在《国富论》中就用"生产别针"的案例，将"分工"设定为现代经济的基石。改变工作角色和流程就能创造更多经济价值，基于分工强化专业技能，更会让生产效率和产品质量实现飞跃。大卫·李嘉图（David Ricardo）还把这种理念引申到国家层面，用"比较优势"解释更宏观、更复杂的经济现象，全球产业链推动职业不断细分、专业壁垒不断提升。

"学习知识技能→竞争社会分工→付出时间精力→获得劳动报酬"，现代职业教育的价值逻辑实在太清晰，简直就是真理！不这样还能怎样呢？难道可以不学习就工作吗？难道可以想干什么就干什么？难道可以不劳而获吗？19世纪，卡尔·马克思（Karl Marx）把"分工"视为资本主义生产方式的核心特征。在此之前，空想社会主义者已经付诸实验，让"乌托邦"成为至今流行的文化模因。实验会失败，但人们对美好人生的向往会长存，科技正在抹平人与人在知识、技能和生理等方面的差异。智能导航让普通人不必熟悉道路也能成为出租车司机，整形技术让普通人直接变漂亮成为"网红"，机械外骨骼让普通人成为能够负重越野的战士，脑机技术和新型药物可以直接提升人的注意力、创造力、意志力和反应力。

将来会有越来越多的职业领域的选择门槛和培养成本快速降低，知识技能无须提前很久学习，分工无须强竞争，人们也不会因为职业而异化成天壤之别的阶级。先报酬、再就业，先职业、再学习，这种逆向模式将在一定程度上成为自然的存在，职业教育与经济价值不再是强绑定关系。山姆·阿尔特曼除了运营OpenAI公司，还支持一家名为OpenResearch的机构开展无条件基本收入（Universal Basic Income，UBI）项目的探索和实验。2024年7月公布的初期实验结果显示，低收入群体改善了生活条件，而高收入群体更愿意从事有趣或有意义的工作，所有受助者都更愿意为未来做出积极行动，包括继续教育、职业培训、创业以及积极治疗疾病，整体看结果似乎还不错！

由于传统职业教育的经济属性，职业学校通常只重视培养年轻人。科技正在拓展生命的长度，提升生命的质量，但无法直接产生意义感和幸福感，职业教育必须应对这样的挑战。职业教育与年龄的关系将会松动，从"青年人的职前培训"逐步向"所有人的终身职业陪伴"演化，未来职业学校的治理机制必将发生翻天覆地的变化。

必须承认，以上描述似乎有些理想化，科技爆发也很可能展现出极为残酷的一面。结合历史学家尤瓦尔·赫拉利（Yuval Harari）与未来学家麦斯克·泰格马克（Max Tegmark）的观点，数字科技将赋能部分人进化至"生命3.0"形态，甚至出现"神人"物种并与传统智人实现物种隔离。如果是这样的局面，职业教育乃至人类文明的故事，必然会分裂出完全不同的版本。

科技让想象变成现实，那谁是想象的主体呢？不同社会力量各有自身的需求，都会运用科技提升自身的影响力；而科技的自身意图，或许会沿着"连接主义"方向继续演化。现代职业教育原本稳健的逻辑结构和经济循环将被拆散，性别、年龄、专业、职业、分工、劳动、报酬、意义等要素会成为独立的价值碎片，不同力量组合出适合各自的价值链，在复杂的竞合博弈中断裂再重组，这或许就是未来职业教育的"新质态"吧！

深深感慨，这或许又回到了老子在2500年前的洞察——是以科技之神灵，处无为之事，行不言之教，万物作焉而不辞，生而不有，为而不恃，功成而弗居，夫惟弗居，是以不去。

# 第三章

# 权衡——政府的力量

科技　政府

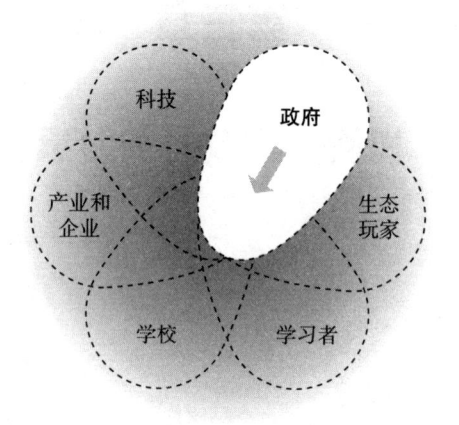

产业和
企业　　生态
玩家

学校　学习者

# 第一节
# 政府如何对待职业教育

## 政府的维度

很多人谈论未来教育,都会强调教育者的情怀和学习者的天性,自主教学,自由成长,常常忽略政府的存在,甚至暗含着某种无政府主义的倾向。但只要谈到实践,又期望有一个强大、良善、高效、授权的政府为教育保驾护航。从被忽视的政府到完美的政府,这跨越也太大了,好矛盾啊!哲学家托马斯·霍布斯(Thomas Hobbes)在其巨著《利维坦》中阐述了一种洞察:"最差的政府也好过没有政府。"教育情怀离不开政府的引力场,职业教育工作者通常都非常接地气,不仅理解政府的影响力,还善于借助政策的力量。

通常而言,大众都会将"政府"简化理解为一个统一的、完整的组织,代表着世俗意义上的社会最高权力,政通令达,一言九鼎。现实哪有这么简单,我们把职业教育比喻为一个"分光镜",政府耀眼的光芒瞬间就会照亮一个五彩斑斓的世界。

首先,教育管理部门在政府体系中的地位如何呢?这是一个有趣的问题,有助于我们理解政府对教育的重视程度。教育的政治地位升降时有变化，很难用一个数字表达，倒是可以通过一些现象侧面观察。比如在美国，教育治理更多是各州级别的事务，联邦层面的教育管理部门历经多次变革，地位并不稳定，甚至还有一个非常有趣的视角，如果总统遭遇不测，教育部长在继任者排序中几乎垫底。而在中国，教育部始终是重要的一级部门，但影响力也有起伏，可以通过阅读关键的政策文件来感知这些变化。近几年，教育主题重要性明显上升，比如在党的二十大报告中，教育科技相关内容的篇幅对比党的十九大报告就增加了近60%。2024年3月，第十四届人大第二次会议发布的政府工作报告列举的十大任务中，"科教兴国"位列第二，而排序第一的就是"新质生产力"。

其次，教育部门发布的教育政策也是一个重要的维度。对于职业教育而言，与其他部门联合发布的文件通常更有现实意义。比如2023年6月颁布的《职业教育产教融合赋能提升行动实施方案》，就是由国家发展改革委、教育部、工业和信息化部等八部委联合发布的。联合起来力量大，但决策与收益也会更分散，因此利弊共存。

然后，国家与地方政府之间也会有复杂的博弈，职业教育算是一个比较敏感的领域。发展职业教育当然很好，但资源投入方是谁，人才受益方又是谁，将这两方面匹配清晰并不容易，资源错位严重，投入就会枯萎。在这方面，地方的产业特色与政商关系会起到关键作用。合肥算是一个典型案例，政府投资成功引入了集成电路、液晶显示、电动汽车等前沿科技产业，不仅承接了中国科学技术大学的高端人才输出，还带动当地职业院校的快速发展。2000年前后，国家主推综合型高校的战略，因此很多职业学校合并发展并扩展院系边界；而近几年，强调产业特色的学校更受瞩目，学校与院系名称也紧跟产业趋势不断调整。

最后，理解职业教育现象，仅仅考虑一般意义上的政府职能和教育规律还远远不够，必须深挖政府力量的来源和价值逻辑。世界各国政府的底色千差万别，宗教、军队、财阀，甚至强势家族，都有可能扮演准政府的角色，直接影响产业政策和教育制度。不同政治派别之间的权力争夺也不可忽视，总会有一部分人的需求被重视，而其他人的需求受到遏制，教育是很常见的调节杠杆，比如美国的教育政策和种族关系就始终缠绕在一起。虽然殖民地概念已经基本成为历史，但当今世界还有很多国家并未实现真正意义上的"教育独立"，工具化的产业定位很难支持职业教育的健康发展，只能得过且过吧。

当今世界还有很多非政府组织，拥有类似政府的力量，最典型的就是联合国，其他还有世界银行（World Bank）、经合组织（OECD）等。联合国教科文组织对全球各国教育的发展都有一定的影响力，职业教育主题从未被忽略，但显然不是重心。在某种意义上，这些非政府组织对职业教育的影响模式更接近生态玩家的定位，我们放在第六章再谈。

政府的力量，本就充满着复杂的内在博弈，对职业教育的影响或许可以总结为一个简洁的词——权衡。权衡既是权力的相互制衡，也是权益的动态平衡，不同频段各有特点，相互重叠交织在一起。

## 政府的"XY-双因素需求"

从幼儿园到大学毕业,每个人的教育经历都远远超过一万小时,或许可以说"人人都是教育专家"。每当出现重大教育事件,网络评论区就像开代表大会,网友给政府积极建言献策,只是政府好像不太听劝,无可奈何的情绪在网络中流淌。

政府作为一种组织,既然已经获得社会最高级的权力,**首要目标当然就是"维持",用保守主义的视角理解政府的教育政策通常会更有效**。网友们的改革建议之所以石沉大海,不是人微言轻,也不是内容不好,通常是因为现实情况并没有想象中那么糟糕。俗话说"小车不倒只管推",如果此前的机制还能有效,就不能为了一点并不确定的利益而随意改革,背后可能隐藏着不可控的风险。

20世纪50年代,组织行为学家道格拉斯·麦克雷戈(Douglas McGregor)提出"X-Y理论",X理论代表人性向恶,强调严格约束管理,而Y理论代表人性向善,倾向于激励创造价值。同时代的心理学家弗雷德里克·赫茨伯格(Frederick Herzberg)提出了"双因素理论",把那些搞得好效果不大,搞不好却容易引发消极行为的因素称为保健因素;把那些不做也没事,但做得好就能带来积极行为的因素称为激励因素。虽然任何二元观点都显得过于武断,但我们把这两个简单的理论合并成"XY-双因素需求"模型,用于理解职业教育的现状和趋势,或许能得到不少有益的启发。

## 第三章 权衡——政府的力量

做一个极端假设,如果当即关停所有职业学校,社会各类型的专业人才会断供吗?所有产业都会发展停滞吗?情况应该不会那么糟糕。改革开放之初,基础教育根基不稳,职业教育尚未普及,乡镇企业在没有充分人才供给的情况下,也能创造出很多奇迹。近几年,新出现的网络文学、短视频、直播带货等行业,完全没有职业教育支撑,也都能迅猛发展起来。结论很简单,市场本身就具有支撑大规模人才培养的功能,配套职业教育的核心作用是降低成本。**站在政府的视角看职业教育,应该选择 Y 理论,对产业发展属于激励因素。**

继续追问,如果立刻关停所有职业学校,学生们能快速找到工作或者自发创业吗?显然很难,估计大部分人都会赋闲在家很长一段时间。如今,大学毕业"躺平"或者以考研、考公、考编为理由延迟工作的情况非常普遍,把就业年龄往前推显然更麻烦。让数千万热血少年每天都无所事事,聚在一起大概率会产生严峻的社会问题。20 世纪 60 年代的知识青年"上山下乡"运动,城市劳动力过剩就是关键的社会背景,如今政府有充分的支撑力,让青年学生更多待在学校这个缓冲器里,总归可以放心很多。如此,结论也比较简单,**政府对待职业教育,应该选择 X 理论,对于社会治理属于保健因素。**

任何单一建议,都无法同时兼顾所有维度。现实就是这样,有些地方健康一点,有些地方病痛缠身,只要不太致命,忍就忍了。2007 年,英国政府面对数量庞大的"三无青年 – 尼特族"(NEET,全称为 Not currently engaged in Employment, Education or Training，特指无业、无学、无培训的年轻人）忍无可忍，推出的应对策略除了常规的教育疏解，核心就是"罚款"。这种情况在中国古代也很常见，通常被官方称为"惰民"，对待方式基本上也是制裁和惩罚。这种惩戒的方式有效吗？还有其他更有效的方案吗？

X 理论和 Y 理论，以及激励因素和保健因素，就这样混合在一起，剪不断，理还乱。绝大部分时候，教育政策制定者很无奈，面对各种各样的难题，不断权衡利弊，修修补补再一年。近几年，媒体上会经常看到"颠覆式创新"的字眼，但这样真的好吗？

## 政府期望的"好"学校

回归现实，学校并没有关停，我们可以长舒一口气！在政府看来，当前职业教育体系显然不完美，应当改进的地方非常多，但绝大部分还没到需要全面进行颠覆式改革的地步。老百姓想要越来越好的教育，政府必须有所响应，不断推出改良方案，建设更好的学校，追求更好的教育。如何算"好"，显然是个概念的坑！

政府期望的好学校，首先要保证社会治理成本低，然后才是产业创造价值高。成本就在学校发生，那是实打实的责任，而产业的收益很难直接反哺学校，这是一个客观的矛盾。

在高等教育大规模扩招之前，大学属于精英教育，"Y 理

论 – 人性向善"还有一定的社会基础,中国高等教育毛入学率在 2002 年达到 15% 的大众线,2019 年超过 50% 的普及线。时过境迁,"大学高中化"的现象已经是一个不争的事实。职业学校以及大部分普通高校,都会倾向于选择"X 理论 – 人性向恶"作为学校管理的基本策略,这同样也会成为政府职业教育生态治理的基础逻辑。有人对此非常不解,认为大学生已经是成年人,不应该再使用强管理的模式,但这个逻辑显然有瑕疵,绝大部分企业其实也都倾向于 X 假设,某些制度的严苛程度比学校还要高不少。当然,社会上确实存在很多管理松散的学校,并不是改变了人性假设,而是有不同的市场定位,既然更多只是为了交易文凭而双向奔赴,还谈什么情怀和管理呢!

对于职业教育,基于 Y 理论的激励制度当然也会有,只是比例相对非常低而已。现实的确有些无奈,老师们面对低分录取进来的学生,很难期待他们高度自律并主动学习,管好日常不出问题已经很庆幸,只能靠少数尖子学生参加比赛获得一些荣誉。对政府而言,培养"拔尖创新人才"并不是职业教育的首要使命,激励型政策和资源投给研究型大学更容易出成果,只有极少数专业特殊的职业院校才能分到其中的一杯羹。

这样的局面容易改变吗?要想进一步降低学校的综合成本,或许可以提高学校的产业价值,但低垂的果实已经摘完,每一步改善都非常困难。如今,学生的心理问题有不断加重的趋势,也出现了自杀现象,学校加强管理又会带来更多心理压力。社会产业变革很快,尤其是人工智能的出现,导致企业对员工的需求数量在下降，但标准在提升，从而让学校教育紧跟产业变革的难度越来越大。两方面矛盾叠加在一起，使得变革极为困难！体谅政府的决策困境，是理解职业教育生态复杂局面的基本素养。

无论是教育专家还是普通网友，其绝大部分建议或方案都难以让职业教育跳出"激励-保健"的双因素纠缠，也无力改变"X-Y理论"的管理倾向，用保守的方式预判未来趋势显然更靠谱，想象可以丰满，现实必然骨感。那么问题来了，"新质·职业教育"的想象，能带来多少希望呢？把期望值先降低一些，或许才会有意外惊喜吧！

# 第二节
# 专业 ≠ 就业 ≠ 职业：权衡的艺术

## 经济发展与职业教育有关系吗？

政府官员想要获得政绩，关键就是抓好经济，评估效果的指标有很多，其中最重要的莫过于国内生产总值（GDP）、消费者物价指数（CPI）和失业率/就业率等耳熟能详的经济学名词。

GDP 代表着整体规模和发展趋势，世界各国和各地方政府对其都很重视。当务之急是破除"唯 GDP 论"，减少为了政绩而制造出的虚假繁荣。CPI 和失业率比较接地气，更能反映社会民生的实际品质，稳物价、保就业，让老百姓安居乐业，是政府执政的根基。俗话说"水可载舟，亦可覆舟"，如果把 CPI 比作风，把失业率比作浪，风高浪急才是考验政府能力的关键时刻。当然，无论是 CPI 还是失业率，表面上只是一个数字，算法其实很讲究，有很大的腾挪空间，这里就不展开了。

失业率与就业率跟职业教育紧密关联。政策工具箱里有很多选项可以稳定或者提升就业率，比如投资基建创造就业，招商引资带来就业，甚至还可以刻意制造很多搬砖型的岗位以解燃眉之急。在所有方案里，大力发展职业教育显然属于"重要不紧急"

的类型，价值展现周期比官员执政周期还要长，难以快速出政绩，但发展教育能够激发大众对未来的美好想象，容易获得民声支持，综合价值还算不错，政府通常还算重视。

那么问题来了，职业教育和就业率到底是怎样的关系呢？可以参见表 3-1。

表 3-1　职业教育和就业率的关系

| 类别 | 八种关系 | 案例／现象 |
| --- | --- | --- |
| 正向 | 就业率高→职业教育好 | 学校积极开设计算机专业 |
| | 就业率不高→职业教育不好 | 学校和专业逐步失去生源 |
| | 就业率高→职业教育不好 | 优先工作，宁可辍学 |
| | 就业率不高→职业教育好 | 政府支持职业教育，缓解就业压力 |
| 逆向 | 职业教育好→就业率高 | 学校提升教学水平 |
| | 职业教育好→就业率不高 | 成熟行业出现颠覆性变革 |
| | 职业教育不好→就业率不高 | 学校倒闭 |
| | 职业教育不好→就业率高 | 教育移民或数据造假 |

职业教育办得好，就业率就高，这是很多学校宣传话术中的基础逻辑，为二者定性为直接的因果关系。那些办得不好的学校，学生就业率就低，关门倒闭也很正常。且慢，我们还可以切换为逆向表达，市场就业红火，职业教育才更容易发展，如此因果也有一定道理，互联网热潮推动很多学校都开设了计算机专业就是现实例证。双向因果都说得通，哪种的分量更大呢？

还有不同理解，职业教育属于社会治理的保健因素，当社会就业形势不好的时候，某些政府会让职业学校扮演缓冲器的角色，投入资源扩大建设，如此理解也没毛病！别说职业教育，就算高大上的研究生教育,也已经成为很多人找不到工作时的意义依托。"职业教育 – 就业率"的八种关系,无论怎么设计因果顺序,我们大致都能在社会中找到一些证据或展现。逻辑如此混乱,是哪里出了问题呢?

我们或许可以尝试归纳结论,职业教育和就业率之间,并不存在简单的因果关系,而只是复杂的相关关系。二者各自都有宽泛且模糊的边界,交叉重叠,任何逻辑表达都只有片面的解释力。政府推动职业教育,到底能否提升就业率,以至于推动经济发展,并没有确切的保证。反过来,从经济到就业率,从就业率到职业教育,复杂的过程也不能靠直觉就能厘清。在职业教育六力博弈结构中,政府担当强力的引领者,但并没有必胜的算法。

## 韩国的冲突,德国的妥协,印度的妙招

如果某个服务行业因为从业者人数不足而引发民怨,政府是不是要有所作为呢?答案很明显,政府应该做而且必须做点什么,但不同的国家,不同的情景,会演绎出不同的故事。

韩国的医疗生态像朵奇葩,每千人对应的医生仅有 2.6 人,这在所有发达国家里几乎垫底,甚至比中国还要低。不仅数量少,还有地域分布不均匀、关键专业缺口大、公立私立不平衡、看病难看病贵、医患纠纷比例高等并发症。与此同时,韩国医生们也很郁闷,每周工作 80 小时都是常态,甚至还有医生每周工作超过 100 小时。这哪里是在工作,简直是在玩命!

"冰冻三尺非一日之寒"，2024年初，韩国政府颁布改革方案，核心就两个字——扩招！将医科高校招生规模从每年3000人扩大到5000人，预计到2025年达到10 000人，期望经过十年耕耘，根治韩国医疗生态的顽疾，畅想未来，善莫大焉！政令颁布后，时任总统尹锡悦的支持率快速提升，这让他很高兴，但与之伴随的却是医生大罢工，这让他很郁闷！不过，尹锡悦应该不会感到意外，因为他的前任就曾经推出更缓和的医科扩招方案，医生们就以罢工表示反对，最终方案被废弃，一切回归原点。罢工让医疗系统近乎停摆，不仅如此，医学院学生也大面积休学罢课，甚至连教授们也辞职表示声援。医生、教师、学生，还有无法看病的民众们，大家都在指责政府，让博弈进入深水区！扩招新政引发的罢工潮持续了三个多月才逐渐平息，扩招目标缩小了一些，还更新了部分医疗法规，但深层矛盾依然存在。

有更好的方案吗？当然有，但肯定不在纸面上。**政府的力量虽然强大，但在复杂的博弈结构中并不能完全控制局面。更好的方案不是谁想要的，也不是谁必须接受的，而是多方妥协的结果。**更充分的前置博弈演练或者探索局部优化，或许会让政府更从容一些。医疗政策对各国而言都是大难题，在高内卷、高敏感的韩国，把教育扩招作为改革的突破口，风险确实很大。

以教育政策为支点撬动产业发展，需要天时、地利、人和。中国在1977年通过恢复高考开启改革开放大潮，或许是人类历史上最经典的成功案例，这为我们沉淀了丰富的经验。如今，站在数字时代的潮头，希望简单的教育政策就能产生现象级的产业

## 第三章 权衡——政府的力量

推动力,恐怕是很难了。教育的试错周期很长,随便折腾下三五年就过去了,需要深度模拟竞合博弈的趋势,三思还不够,要"六思而后行"!

回到韩国案例,最让政府尴尬的并不是医学院的招生数量或者医生们的罢工,而是政府本身的属性。有韩国学者提出"压缩现代性"观点,深度剖析了韩国家族财阀与政治经济之间的复杂关系。这就意味着,即使进行充分前置博弈,也难以权衡各方利弊,屁股决定脑袋,脑袋决定四肢,权力来自哪里,身体的平衡点就偏向哪里。

近些年,德国很多行业都出现了劳动力短缺的问题,但这显然无法通过扩大招生规模来解决。德国的职业教育体系非常发达,但本国人口老龄化严重,很多工作年轻人不愿意干,就算刺激招生也没人报名。怎么办?政府操作也很简洁,通过有针对性的移民政策吸引高质量的外国劳工,用远水解近渴,至少也是权宜之计。至于移民比例提高带来的社会问题,就留给后面的政府去解决吧。

美国科技产业发展迅速,但程序员数量严重不足,该怎么办?面对这个难题,印度显然比美国更积极,主动承担起了职业教育的重任。因为印度人太多,硅谷甚至被人调侃成了"印度谷",印度裔精英成为很多科技公司的CEO,其中就包括谷歌、微软、IBM、推特等世界级巨头,而这也让印度理工学院(Indian Institute of Technology)成为全球名校,考试竞争激烈程度绝对不亚于中国的北大、清华。对于印度而言,要想通过提升全民就业率发展经济难度太大，那就另辟蹊径，跳过基础教育体系建设，直接聚焦 IT 职业教育，通过民间技术培训机构与劳务派遣机构的多重合力，让数量庞大的印度科技劳工实现国际就业，创造价值反哺国内的社会发展。著名社会学者项飚在其著作《全球猎身》中就深度解析了印度的 IT 人才产业链，为我们理解复杂的职业教育生态提供了另外一种发展模式。

世界各国的职业教育的精彩故事各不相同，有喜有忧，冷暖自知。回头看，就业虽然是经济的微观组成部分，但职业教育和宏观经济之间并没有简单的因果关系和必然的成功路径。政府只能审时度势，更为精细地权衡利害，不断调整对职业教育生态施加影响力的方向和力度，无可奈何地打补丁，或许才是社会的常态。

## 专业≠就业≠职业，跳出旧的故事脚本

回到中国场景，20世纪八九十年代的"包分配"制度，完美诠释了职业教育和就业的继承关系，如今的"订单班"因为确定性也备受学生们的青睐。开放的人才市场，无论是摩擦性失业还是结构性失业，波动永无停歇，政府要求学校确保就业率，这个数值就很容易变成一个"你看我、我看你"的心理博弈，学校不敢直接写，各种花式操作不断翻新。就业率不仅与专业和职业脱钩，甚至和真实的就业也没什么关系了。就业率只是一个客观的统计数据，无论怎么折腾，就在 0～100% 这个区间，政府要

求学校为此负责,学校能担负得起这个重大的社会责任吗?正视这个问题,我们需要回溯其中的逻辑关系。

当代职业教育的故事,首先从"专业"开始,这是社会沉淀形成的重要概念,对应着"专业人士",意味着在特定领域内"高质量、可信赖、有门槛"。**专业是政府治理教育生态的核心抓手之一**,通过审批学校的专业设置和录取规模,可以比较直接地调控人才供给的类型分布。对于政府评估就业率而言,学校维度其实不重要,专业维度才是关键。

对于学生而言,中高考后看分数填报志愿,需要同时盘算学校和专业两层选择。面对高校或职校里成千上万的"专业",涉世未深的学生们只能依靠想象力脑补专业的前景。好在市场上已经出现不少教育网红博主和咨询机构,整体属于生态玩家的定位,帮助学生和家长们理解专业名称和实际课程的关系,以及对应未来就业时的难易程度。咨询意见本身即使不靠谱,也已经很有意义,至少花钱买了心安,高密度的情绪价值是关键。

政府将专业作为调控职教生态的工具,加上学生们近乎盲目的选择,其实已经透支了"专业"的内涵。学过专业其实不专业,学生感觉自己行其实不行,招聘的专业学生依然要从基层做起,学校专业设置与产业发展脱节。数字科技对就业的挑战,恰恰是以专业为切入口,步步为营替代那些所谓专业人士的知识和技能。专业概念在职业教育中的逐步弱化,是看得见的未来趋势。与此同时,学位扩招逐步演化出两种标签——学术学位和专业学位,不过由于后者的招生机制和学费更加市场化,成为部分高校创收的重要方式。

职业教育故事的第二阶段就是"就业"。学生入学前的考试竞争很卷，毕业前的就业竞争也很卷，只要短期内没找到工作或未能继续升学，就会被戴上"失败者"的帽子。即使对学术研究毫无兴趣，很多学生仍然选择考研，留在熟悉的校园里确实要轻松很多。只要政府财力还能支撑，延长青年们的在校时长，虽然不是最优选择，却是多方都愿意接受的方案。

在政府的就业率算法里，一个人的就业状态通常只有0或1两种。但现实要复杂很多，判定就业状态有很多维度，比如劳动年龄、劳动能力、劳动关系、经济收入等，除了升学深造，通常还会把出国留学、自主创业等计算在有效就业范畴内。如果仅以"经济收入"为标准，那享受离退休"工资"的老人才是最稳定的就业群体。最近几年热议的"灵活就业"课题，彻底让就业从黑白模式变成灰度模式，用传统就业率数据描述社会现状会越来越失真！而关于退休年龄的争论以及相关政策修订，同样是关乎民生的大事。我们不禁要问，人们到底是渴望就业，还是不渴望就业呢？

专业边界被打破，就业算法变模糊，政府治理职业教育的两大支柱已经开始松动，怎么办呢？需要找到稳健的新支点！政府重视教育，因为教育是促进社会发展强有力的杠杆，而学校是治理教育生态的重要途径。专业和就业原本的社会概念经过学校简化正在失去活力，紧扣"职业"或许才是更有效的出路。职业是一个人贯穿始终的生命状态，也是一个人进入社会网络的主要路径，连接的强度、韧性、经济性、成长性、创造性以及愉悦感，都是标记职业状态的维度。

政府要维持并提升对职教生态的影响力，甚至希望直达个人，要么拓展学校的业务范围，提高治理的精细程度，要么开拓新的影响力方式。前者是线性模式，已经逼近治理效用的极限；后者显然更有想象空间，人工智能、区块链等数字科技为这样的大胆想象创造可能性！笔者在《元宇宙教育》一书中曾经提出"教育数字货币"的想象，政府通过专属的货币与金融体系直接赋能每个人的终身成长，职业是核心要素，职业教育也会演化为匹配终身成长的形态，指向未来。

# 第三节
# 政府·科技：新质职业教育的可持续之道

## 政府 vs. 科技，职业教育更依靠谁？

未来职业教育有六种力量相互博弈，科技和政府是其中最强大的两种存在。科技犹如上天的神灵，政府就像世间的圣王，二者虽然没有天然的矛盾，但也不是必然的统一。虽然从文明尺度上看，科技更能主导趋势，但趋势本身就是曲折的，所有国家和地方政府都不会放弃自身的影响力，博弈游戏很有趣，也很有意义。那么问题来了，传统职业教育更依赖哪种力量？而新质职业教育更倾向于哪种力量呢？如此表达似乎暗示了答案的倾向性，传统模式依赖政府，新质模式倚重科技。且慢，结论当然并不这么单纯。

我们习惯于把科技、政府做拟人化处理，以点带面，理解起来相当轻松，但也要明白极致简化产生的认知偏差。接下来，我们仍然把科技、政府视为单纯的力量，而把人群以"对社会变革的适应性"这个维度展开，不做严谨的量表测评，基于常识建立感知，用以理解职业教育发展的多样可能。

新质生产力聚焦新产业、新模式、新动能，但新质职业教育并不局限于少数顶尖人才的培养，而是面向时代所有人的职业发展。现代教育倾向于把每个人都推向智识竞技场比拼一番，只有优胜者才有资格参与社会的创新发展，而事实上，所有人都渴望获得生命的意义，从生存到归属，从安全到自我实现。

对变革适应力偏弱的人是社会的主流，年龄偏大、生理不适、信息闭塞、缺乏基本认知、主动选择躺平，原因各不相同。至今仍有少数地区处于近乎原始部落的模式，与智识精英们的科技代差可以有数千年，这不是那些人的失败，是人类文明最自然而然的状态。对于这些适应力偏弱的群体，政府显然是更值得依靠的力量，职业教育和福利制度相结合，要为民众的生活品质兜底。政府制造一些非市场化的岗位让人们有事做，但也有学者研究认为这类"垃圾工作"并不能带来职业满足感。我们不能低估这个群体渴望改变的欲望与现实的挑战——快乐的老年人与沉闷的青年人，富裕的原住民与迁徙而来的难民，弱者有理与强者无语——快速变革带来的扭曲亦真又亦幻。

适应力相对较强的人，总量很大，无论是专科生还是研究生，无论学术导向还是市场导向，都更渴望世俗成就，这些欲望支撑着社会的发展与繁荣。对于适应力强的群体，职业教育必须重视，甚至依赖科技的力量，基于制度创造足够的弹性空间，助力他们发现适合自己的机遇。失败不是问题，他们愿意折腾，只有多试几次，才能摸索出适合自己的创造力的职业乃至事业方向。时代适应力强和学科成绩并不是因果关系，也不等于都是功成名就的人，东南沿海地区的家族商业的传统本质就是职业教育，更是一种生活方式；如今的电商网络和社交媒体，让无数普通人也能把新科技玩出新花样。

适应力非常强的人，总量不多，但社会影响力却很大。他们不仅能理解前沿科技的内在机理，还能看懂复杂社会的发展趋势。他们活跃在各个领域的风口浪尖上。适应力非常强的群体，其建设性与破坏性是一体的两面，教育反而要再次强调政府的力量，"立德树人"绝不是空话。区块链技术、纳米科技、基因治疗、量子通信、人工智能等前沿科技，既能创造巨大的社会价值，也很容易变成割韭菜的镰刀。2021年，曾被誉为女版乔布斯的伊丽莎白·霍尔姆斯（Elizabeth Holmes）锒铛入狱，她的血液检测公司Theranos被证明是一场彻头彻尾的资本骗局。

最后还有一小撮人，他们不是适应者，而是颠覆性科技和发展潮流的缔造者，典型就像埃隆·马斯克、山姆·阿尔特曼这样的时代狂人。普通的教育对于他们已经失效，甚至连政府都很难对他们产生有效制衡，当他们成熟之后，反而会影响政府的产业与教育政策。他们很强大，其实也很脆弱，对环境条件非常敏感，地薄者大物不产，水浅者大鱼不游，世界上绝大部分地方的绝大部分时期，都不具备孕育这类人的时空资源和机缘。这群人不属于新质职业教育的课题范畴，而是新质生产力的基础命题，没有这类人的群星闪耀，新质生产力的光芒也会暗淡很多。

职业教育到底更依靠谁？就像不同纬度的大气环流，时而侧重政府、时而侧重科技、时而再侧重政府，结论并不单一，呼吸张弛才能生存，步伐交错才能前进。更为基础的是，对社会前沿变革的适应能力，也不是拆解职业教育的必然维度，选择不同视角就会得到不同的光谱，组合起来，照见人类社会的五彩斑斓。

## 政府 × 科技，创新的半边天

政府 × 科技，中间是乘号，是合作，是叠加，是相辅相成，是"长风破浪会有时"。

新质生产力的概念本就来自"政府 × 科技"的故事。虽然我们正在经历百年未有之大变局，但和平、发展、合作、共赢的时代潮流没有变，发展中国家和新兴市场崛起的势头没有变。有趋势并不等于必然有结果，对于有强烈发展意愿的大国而言，科技就是硬道理。虽然有很多交流渠道，但关键核心技术要不来、买不来、讨不来，如何突破"卡脖子"的问题确实刻不容缓，不同国家的应对策略各异，中国的选择很清晰，发挥社会主义制度集中力量办大事的优势，围绕国家战略需求，优化配置创新资源。好消息是，科技发展本身就有相当的雪球效应，积累带来更大的势能，国家重点实验室、高水平研究型大学、科技领军企业等都是政府科技力量的重要组成部分，连接起来形成网络，肩负起科技自立自强的艰巨使命。

这个强大科研网络中的所有机构都承载着教育职能，科研是职业，培养研究生是教育，逻辑上就属于职业教育的范畴。网络中的人们通过朋友、同事、师生、合作等方式建立连接，其中最持久、最深刻的莫过于师生关系。机构合作可以被按下暂停键，但人与人之间的师生情谊和同门关系并不会消失，通过科研和教育网络连接在一起，这是人类命运共同体的基石。

通常的职业教育并不涵盖顶级科研机构，而是指应用型学校。尖端科研可以发论文，但无法直接转化为生产力。那么问题来了，如何让应用型学校的师生与科研前沿机构实现有效连接呢？我们可以设计讲座、参访、游学等方案，但还是回答不了"为什么"的难题，谁有强动力？谁有强收益？经费哪里来？运营谁负责？单相思不能持久，基础教育内卷留下的歧视伤疤，更让这样的交流举步维艰。目前看，最好的中间体或许是产业力量，优秀的企业既与顶尖科研机构紧密合作，又跟职业院校合作，联合培养优秀的应用型人才。只有政府促进企业和学校建立直接合作，才能加速创新科研的转化，产生"四两拨千斤"的效果！

但对于中国而言，最大的障碍不是"从1到10"的科研转化，也不是"从10到100"的产业扩张，这些方面目前都有优势。如何实现"从0到1"的原始创新，才是国人最头疼的难题，呼应着著名的"钱学森之问"和"李约瑟之谜"。有人说这并不是教育的责任，而是用人制度的缺陷，因为微软、OpenAI、谷歌、META等超强创新企业中的科研骨干很多都是国内教育培养出来的精英。还有人认为中国应该战略性放弃原始创新，把应用做深做强也能建立全球影响力，很多科技企业就是采取跟随策略，民间称为C2C（Copy to China），甚至有风险投资机构明确表示只投资这类项目，因为有更高的成功率。

但中国政府显然不这样认为，新质生产力不仅要追求原始创新，更要从教育阶段抓起。通过高考指挥棒变革教育是我们的成功经验，每一轮高考改革都在呼应这个难题，2014年启动的新高考制度与新教材更新，其目标就是要选拔出具有原始创新潜力的学生，探索之路并不平坦。我们似乎默认"从0到1"就代表着"原始创新"，这里隐含着一个被忽视的问题，"0"又是从哪里来的呢？《道德经》可以给我们很多启示，"道生一，一生二，二生三，三生万物"；"天下万物生于有，有生于无；无，名天地之始；有无相生，恒也"。但是，"道""无"这些概念确实很难把握，我们可以切换思路，设计一种更清晰的解释（见图3-1）。

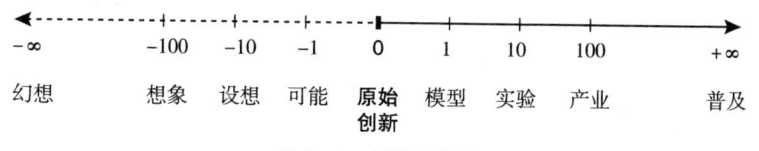

| $-\infty$ | -100 | -10 | -1 | 0 | 1 | 10 | 100 | $+\infty$ |
|---|---|---|---|---|---|---|---|---|
| 幻想 | 想象 | 设想 | 可能 | 原始创新 | 模型 | 实验 | 产业 | 普及 |

图3-1　创新坐标轴

数字0的诞生是数学史上的大事，负数更是近代才被人类逐渐接受，理解起来确实有点反常识。展开实数轴，要想"从0到1"，最直观的答案很清晰，先从 $-\infty$ 到 -100，继而从 -100 到 -10，再到 -1，最后从 -1 到 0。回归现实，这可以对应着从不靠谱的幻想，到有意思的想象，再到有章法的设想，最后从"可能性为真"变成"真"，完成确定性的一跃。教育培养原始创新力，或许要从幻想和想象开始用力，恰应了红楼梦里的那副对联"假作真时真亦假，无为有处有还无"！反观我们当前的基础教育、职业教育乃至高等教育，强调遵循"只教已知、学以致用"的理念，显然缺少了一点什么。"政府 × 科技"要想获得更高的杠杆，就不能只在现实中找机会。政府推动科学教育，不仅要讲"科普"和"科创"，或许更要把"科幻"写入政策文件中，补上"从 -∞ 到 0"的这半边天。

想象力是人的天赋异禀，与科技神灵同根同源，无论是科研院所的博士后，还是中专学校的初级技工；无论是老年大学的银发族，还是幼儿园的三岁孩子，都可以想象乃至幻想。无论是"新质生产力"概念，还是本书提出的"新质职业教育"表达，最初也都来自想象。对于职业教育，想象力同样有非常积极的意义，政府推动职业教育不能只依靠"职业"这个现实主义的概念，更可以升级到"事业"这个虚实结合的场景中，发掘新的能量。从职业教育到事业教育，是学校篇和学习者篇的重点，我们后面再展开讨论。

## 政府 ÷ 科技，传承的活水源

"政府 ÷ 科技"，中间是除号，是竞争，是削弱，是药到病除，是"除却巫山不是云"。

回顾人类历史，技术不断进步，但新技术刚出现的时候，反对的声音往往占据主流，有时候甚至要跨越几代人才会完成普及。曾经有心理学家创造出"吓尿时间"这个有趣的表达，过去是数千年、数百年，如今则是几十年，甚至十几年。科技发展速度实在太快，其实并不符合人类基因自带的时空节奏感，给生活带来便利和惊喜的同时，也有越来越多的人意识到科技造成的危机——微观层面是对个人身心健康的影响，宏观层面是对人类文明存续的威胁。2024年，尤瓦尔·赫拉利的新作《智人之上》，就从信息视角剖析了人类的文明史，更表达出他对AI科技深深的忧虑。当我们谈论新质生产力的时候，对"质"的理解需要兼顾多重价值导向，不能只看收益而忽视危险，这是非常严肃的事情。

科技对个人身心的影响在教育语境下尤为鲜明，表层有数字沉迷等问题，深层更在于科技推动教育竞争加剧。学生需要学习的内容来自此前数千年文明的积累，社会文化方面越来越多，数理科技方面越来越难。政府虽然推动"双减"平衡缓和，但高考超千万人的同场竞技，竞争的烈度无论如何都降不下来。曾经严重内卷的日本，近几年就业情况有所好转，那是人口凋零之后的安慰，工作虽然容易找，但工作的热情却不那么好找了。接受过科技浸润的人占比越来越高，支撑着一种强势观点，即科技带来的问题可以用更先进的科技来解决。典型案例就是环保，想要给地球降温，并不是改变高耗能的生活模式，而是发明更多绿色能源。再比如，解决肥胖的方案不是减少摄食，而是吃药；快节奏的工作和生活带来抑郁问题，对应的脑机设备已经上市，按下按钮，原本阴暗的心情瞬间就能阳光明媚起来！

科技趋势太强大，没有哪个政府有足够的力量让科技自己做减法，只有世界大国联合起来，才能够施加一定程度的制衡，控制核武器不扩散是当前最成功的案例之一。如今，通用人工智能的突破就在眼前，有效加速主义（e/acc）与有效利他主义（EA）的对决不断加剧。2023年11月，全球人工智能安全峰会在英国召开，几十个国家联合发表《布莱切利宣言》，只是表达对人工智能的担忧，但要让各国共同抵制AI的发展，几乎不可能，明确的产业利益要远远高于纸面上的风险。会议后没几天，OpenAI公司就上演宫斗闹剧，代表加速派的CEO山姆·阿尔特曼最终荣光回归，而强调安全对齐的保守派全面隐退，首席科学家伊利亚·苏茨克维（Ilya Sutskever）不久后离职开创了一家名为"安全超级智能"的公司，核心方案是用AI监督AI以保护人类的安全，虽然有点尴尬，但还能怎样呢？

其实，政府还可以通过调节其他社会参数以平衡科技带来的动荡，文化、政治、宗教、娱乐等都是维系社会稳定性的有效路径，让精神世界的神灵发挥更强的影响力，科技神灵的力量也就自然减弱一些。就像尼泊尔这个国家，虽然科技和经济非常落后，却被很多人认为是世界上最幸福的地方之一。以色列的综合科技实力很强，但在这个国家却存在着很多类似"乌托邦"的组织，比如基布兹（Kibbutz），对内实行集体公有制，对外进行市场交换，很多都采用农庄生活模式。

人类很强大，具备极强的环境适应性，但如果把人类这个只有百万年的物种放在地球几十亿年的尺度上看，"人类强大"这个结论显然太夸张，反倒是蓝藻、海绵那些简单的物种更有超长期主义的生命经验。当初心跟不上欲望的步伐，留下的就是空虚，求生存还是求发展，"科技的任性"与"人类的韧性"正在进行着复杂的博弈。

越来越多的青年人选择不生育，这是科技发展的必然结果吗？未必有因果关系，但肯定有相关性。科技不在乎的事情，政府需要在乎，政府的力量来自真实的人，政府的意义也在于人，权衡科技带来的影响，保障族群乃至人类物种的传承，显然是政府义不容辞的责任，甚至是唯一的希望。如果世界主要政府致力于运用科技毁灭人类，那么我们的文明故事也就接近尾声了，呜呼哀哉！

## 新质∈本质，可持续发展是权衡的艺术

"∈"是一个逻辑学符号，表示"属于"。我们无论对"新质"做出怎样的解释，无论重心在"新"还是在"质"，都无法脱离"本质"的范畴，这不是简单的文字游戏，而是原则问题。我们常说"做人不能忘本"，那谁最能承担得起"本质"的责任呢？

科学工作者似乎最在意"本质"问题，善于运用抽象符号去阐释世界的本质，思考之深刻已经超出绝大部分人能够理解的范畴。现代科技爆炸式发展，学科高度细分，想要做出比肩牛顿、爱因斯坦的伟大成就，可能性已经微乎其微。科技之命在于求新求变，很多科研工作者的终身探索都局促在一个极为狭窄的领域，即便如此，想要搞出新东西的难度依然很大，同行竞争和学术评议监督体系，压得很多人喘不过气。科研工作者也是人，舍

本逐末、忘本逐利的情况当然也有，有人为名利伪造数据，更有人铤而走险，越过人伦道德的底线开展实验。科技锚定在整个自然界，致力于追本溯源，人类只是其中微不足道的存在之一。人类如果将自己的命运完全绑定在科技上，或许最终也会成为科技发展的祭品。

政府的力量同样非常在意"根本"性问题，常常联合宗教或文化力量为社会提供各种底层解释。事实上，绝大部分人并不关注世界的本质，而更在意自身的生存和意义，"我是谁，我从哪里来，我要到哪里去"。再进一步，大部分人甚至连这些抽象的意义问题也不关心，日常生活中的吃喝拉撒睡、生老病死、喜怒哀乐才是最根本真切的需求。无论是否有神灵的庇护，所有政府的权力都必然"以人为本"，只是对象略有不同，有些政权根植于少数强势族群的支持，有些则需要获得大多数民众的认可选择。

孔子在《论语》里阐述"政者，正也"，是端正，是榜样，是中庸，是不偏不倚，是人人都能各安其位，是人伦道德的标准，是以人为本的信念，是"为人民服务"的价值传承。具体到每个政府，所谓的"正前方"到底指向哪里，却是个棘手的难题，该怎么办呢？

我们可以把这个问题简化为一个点状问题，要么顺从自然民意传统，要么锐意变革社会文化，二选一的策略虽然过于简单，但却是很多人内心的认知模式。稍微升级，可以理解为一个线状问题，社会发展必然要经历很多变革，关键在于力度的把握。继续升维还可以理解为一个平面问题，社会文化传统是一个方向，科技趋势是另一个方向，政府政策的最佳方向，不是左右取舍，而是寻找二者的矢量之和，这或许才是更可持续的权衡机制吧！

以上这种"点-线-面"的说法，其实也只是一种思维类比，不能直接用于制定具体的政策，现实也不止于计算文化和科技两种力量的关系，而是有更多维度。构建这个思维模型，核心是希望帮助更多人避免陷入对政策的简单评价。某些人把"这不科学"当作口头禅，但凡政策中出现宣扬传统文化的内容就会批判，教育、中医药和传统医疗、饮食健康等领域都是舆论重灾区。反过来也一样，某些人完全敌视科技的进步，甚至宣扬反智主义，显然也失之偏颇。如果传统宗教或文化的惯性太强，政府又缺乏对科技的驾驭能力，纸面上那些看似正确的变革很可能带来更严重的社会撕裂，这样的失败案例已经屡见不鲜。

虽然政府是六力博弈模型中的一项，但却是唯一有资格和能力权衡所有力量的参与者。权衡，不是在表达层面进行文辞兼顾，而是清晰地识别不同力量的方向和强度，加权进行矢量计算得到一个新的指向，正所谓"大势所趋"，顺势而为才能事半功倍。

要想让新的方向成为全民共识，教育就是最常用、最核心的施力点。新加坡的案例相当精彩，建国之初百业疲敝，宗教与族群冲突不断，政府强制推行以英语为基础、混班教学、多层普职分流的教育政策，展现出了兼顾融合的特征。虽然新加坡的教育被很多专家批评为非常内卷，甚至残酷，但却是新加坡综合实力快速崛起，甚至傲视全球的关键所在！

　　中国政府提出"新质生产力"，显然不是纯粹的科技术语，而是充分权衡了社会多元力量之后的综合指向，积极拓展前沿科技，最终还是要回到服务人的需求和意义，不仅覆盖中国人的福祉，还有面向全人类的担当，虽为新质，源自本质。"人间正道是沧桑"，如何扛得住过程中的挑战，保持长期可持续发展，答案或许就是孔子的那句"政者，正也"，不同时代需要考虑的影响力和权重各不相同，以矢量计算模拟权衡之道，始终指向"正前方"！

# 第四章

## 超创——产业和企业的力量

科技　政府

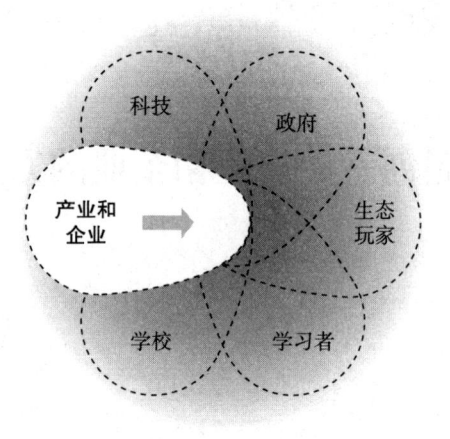

产业和
企业　　→　　生态
玩家

学校　学习者

# 第一节
# 产业的根，企业的命，职业的魂，教育的痛

## 知有涯，职不同

"知者，职也"，每一类知识都有对应的职业，每一类职业者都在守护并传承一方认知。如此谐音，只在妙趣，不用纠结内在的关联，差不多也是这个道理。

"吾生也有涯，而知也无涯，以有涯随无涯，殆矣"，这是庄子对人生与社会的洞察，看透了这一层，他越活越洒脱。但真实世界里的人们，即使能熟练背诵《养生主》和《逍遥游》，绝大部分人也都跳不出世俗社会的羁绊，既不养生，也不逍遥。

我们当然能够理解庄子的感慨，具体到每个人，生命几十年，知识技能也非常有限，二者匹配并不会带来强烈的困扰。但如果把视野扩大到全人类，即使我们已经拥有信息论、数据科学、人工智能等工具，确定人类的认知边界依然是一个无解难题。或许可以笼统地认为，人类的知识边界与"人口数量、人均寿命、交互频率、角色数量"等很多参数存在正相关关系。

回望人类文明史，人口数量长期在马尔萨斯陷阱里徘徊，社会角色相对简单，族群交流互动也非常贫乏，平均寿命也就30

多岁，很多人终其一生都没走出那个小村落。极少数智者随便创造出一些新知就够用很久，欧几里得十三卷的《几何原本》流传了两千年，老子五千言的《道德经》至今畅行不衰，玄奘翻译的几部经书支撑起东方近千年的佛教发展。在古典文明模式下，人们对知识的需求其实很低，大部分知识工作者的核心任务不是创新，而是传承，恰如横渠四句的表达，"为天地立心，为生民立命，为往圣继绝学，为万世开太平"。

是什么力量引燃了近现代的"知识爆炸"呢？只有找到源头，才能更深入地理解现实。19世纪之后，全球总人口达到10亿人并突破拐点快速增长，两百年间膨胀了8倍；平均寿命是一个慢变量，到现在为止差不多增长一倍，人口和年龄因素二者相乘，综合效果只有一个数量级的提升，爆发的力量更是来自"角色数量"和"交互频率"这两个维度。1809年的洪堡改革拉开现代教育的序幕，专职教师大幅提升了知识传播效率，形成正反馈循环，但教育普及的速度还是很有限，无法担当起社会变革的核心推动力，这一点要有自知之明。

科技只是虚拟角色，政府本质相对保守，真正引燃近现代社会知识爆发的力量，是17世纪之后才诞生的新型组织——企业或者说公司。虽然企业和公司是两个不同的概念，但可以模糊地把它们都用来指代那些以财务利润为目标的社会组织，本书就不做细致区分了。企业的目标虽然单一，但组织运营却非常活跃，不仅创造出大量新角色，更要求人们高频交流与协作。某种意义上，现代学校只是企业组织的延伸与变形，而这也是学校教育备受诟病的根源之一。

伴随人口膨胀、寿命延长,以企业组织为主要推动力,社会角色增加并频繁交流,诸多要素的共同累积,使得人类整体的认知边界超过阈值,推动文明进入"知识大爆炸"的发展阶段。只有系统性的、规模化的、全覆盖的、职业导向的教育才能匹配社会的要求,几乎所有人都被卷入这样的时代洪流当中。

## 企业的力量,从哪里来,到哪里去?

"天下熙熙,皆为利来;天下攘攘,皆为利往",追求利益是人的自然诉求,甚至是生命本能,只是在社会实践中逐渐浓缩为财务利润这样一种通用表达。经济学鼻祖亚当·斯密强调现代经济源自"分工",古代其实也有分工,贸易行为很早就出现了,专职的商品制造者以及专业的商人也不是什么新鲜事,政府组织里角色繁多,需要通过俸禄体系才能维系运作,金钱的力量从来没有缺位。那么问题来了,现代企业与此前各种追逐利益的个人和组织到底有何不同呢?

16世纪之后,航海探险者逐渐摸清楚了地球村的样子,为了对抗跨洋贸易的巨大风险,社会演化出了"公司"型组织,最初的典型代表就是荷兰东印度公司与英国东印度公司。商贸游戏的刺激程度不亚于皇权贵族的政治博弈,企业逐渐摆脱了对皇权的依赖,越做越专注,越做越纯粹——赚钱就是硬道理。到了19世纪,机器工业催生出了强大的企业,成就了很多如今依然享誉世界的品牌，诸如宝洁、西门子、奔驰、通用电气等。

如今，大部分中国人都默认企业或公司是自然而然的存在，只有那些上了年岁的老人，才知道这其实并不自然。就在几十年前，这种致力于赚钱的组织还是全社会都憎恨的对象。当今世界，商业企业在不同国家或文化中的地位也大相径庭，我们并不能简单地评判公有企业与私营公司之间的是非优劣。

追求经济利益只是现代企业存在的表象，是动力的源头，解释了企业从哪里来。但如果只思考这个维度，无助于我们理解企业为何成为推动近两百年来世界发展的最活跃力量，更无助于我们深挖产业和企业力量如何影响未来职业教育的发展。有人说企业的利润就像脂肪，没有利润还能撑很长时间，而现金流则像血液，甚至氧气，没有现金流很快就会倒闭。现代风险投资催生了一种更特殊的企业，在很长时间里既不考虑利润，也不考虑营收现金流，不仅用投资款养员工，更拿大量银子补贴市场，宠爱用户到了令人发指的程度。就算很多人不理解这样的商业现象，但囤券薅羊毛的行为还是很诚实的。

如果利润和现金流都不是企业的发展方向，那什么是呢？著名管理大师彼得·德鲁克（Peter Drucker）只用四个字就清晰地阐明了企业存在的意义，解释了企业要到哪里去——创造顾客。我们常说"顾客是上帝"，而在德鲁克的洞察里，企业是在创造自己的上帝。

如今全球有 80 亿人，无数企业家每天都在思考同一个问题，怎样才能把更多人变成自己的用户呢？世界上最强大的公司已经做到近乎40%的水平——比如谷歌。很多刚起步的创业者也会这样幻想，把万分之一的人变成自己的用户总归是个小目标吧，结果却赔得血本无归。几十亿人就在那里，把人们转化为用户，尤其是付费用户，其实是非常困难的事情。

企业的所有者是股东，经营者是员工，服务对象是顾客，这三种不同的角色到底怎么排序，是理解一个企业的金钥匙，是价值观的底层，企业家和研究者经常为此争论不休。阿里巴巴创始人马云曾多次强调"客户第一，员工第二，股东第三"，当2023年底拼多多市值超越阿里巴巴成为中国电商第一股的时候，马云的长篇反思归纳为一句话就是"我们忘记了真正的客户是谁"。

企业爱很多人，但最爱的是客户，客户决定着企业的命运。至于工厂、机器、品牌、营收、利润、现金流、市值等，都只是企业生命现象的不同表达方式。真是这样吗？只能是这样吗？

## 产业的根，职业的魂

把很多企业聚合在一起，就是产业或者行业。产业与行业，傻傻分不清，在日常使用中，"产业"似乎更宏观，对应着生产制造或社会经济的视角，而"行业"似乎更具体，贴合产品服务与消费场景。我们其实没必要那么泾渭分明，在本书中会模糊使用，不纠结。

想要理解人类认知边界的扩展速度，只关注科技非常片面，不断变化的行业分类才是更完整、更高效的路径。很多国家都会编制行业目录，而由联合国经济与社会事业部编制的《全部经济活动国际标准行业分类》（International Standard Industrial Classification of All Economic Activities，ISIC）应该是最具全球视野的版本。1958 年发布 1.0 版，1968 年发布 2.0 版，1990 年发布 3.0 版，2006 年发布的 4.0 版本把国民经济活动划分为 21 个门类（见表 4-1）、88 个类、238 个大组和 419 个小组，层层叠叠，密密匝匝，描绘出 21 世纪初复杂的全球经济网络，其中也包括很多政府部门。

表 4-1 《全部经济活动国际标准行业分类（4.0 版）》的门类

| 门类 | 类 | 说明 |
| --- | --- | --- |
| A | 01~03 | 农业、林业及渔业 |
| B | 05~09 | 采矿和采石 |
| C | 10~33 | 制造业 |
| D | 35 | 电、煤气、蒸气和空调的供应 |
| E | 36~39 | 供水；污水处理、废物管理和补救活动 |
| F | 41~43 | 建筑业 |
| G | 45~47 | 批发和零售业；汽车和摩托车的修理 |
| H | 49~53 | 运输和储存 |
| I | 55~56 | 食宿服务活动 |
| J | 58~63 | 信息和通信 |
| K | 64~66 | 金融和保险活动 |
| L | 68 | 房地产活动 |
| M | 69~75 | 专业、科学和技术活动 |
| N | 77~82 | 行政和辅助活动 |
| O | 84 | 公共管理和国防；强制性社会保障 |
| P | 85 | 教育 |
| Q | 86~88 | 人体健康和社会工作活动 |

续表

| 门类 | 类 | 说明 |
| --- | --- | --- |
| R | 90~93 | 艺术、娱乐和文娱活动 |
| S | 94~96 | 其他服务活动 |
| T | 97~98 | 家庭作为雇主的活动；家庭自用、未加区分的物品生产和服务活动 |
| U | 99 | 国际组织和机构的活动 |

三百六十行，行行出状元。任何行业都有竞争，领先的企业或组织代表着那个领域的最高水平。但总有一些不安分的人，为了获得更多利润，为了组织长期存续，或者仅仅为了满足自己"宁为鸡首，不为牛后"的想象，在创造客户的过程中不断探索，开拓出一片片新天地，逐步发展成为新的行业类目。对比2002年发布的3.1版本（17个门类、62个类、161个大组和298个小组），2006年发布的4.0版本变化非常大，估计很快又要更新，间隔近二十年，变化肯定会更大。无论是用字母表示门类，还是用两位数字表示大类，都已经接近极限了，从这个侧面或许也能看出产业力量的活力呢！

如果说追求利润和创造客户是理解企业的关键要素，那么产业的基石又是什么呢？表面上看，产业就是把产品服务、原料工艺、市场客户相似的企业或社会组织聚合在一起，但如此理解只是描述了现象，并没有触及原因。人们常说"物以类聚，人以群分"，行业目录既可以理解为企业组织这种"物"的分类，又可以理解为"人"的聚合，是一些人聚合起来满足其他人的需求。

人的需求，或许就是行业的基石，国际行业目录是理解全人类普遍需求的快捷方式。无论形成的新行业是多么不可思议，呼应人的需求这一点不会变。部分细分行业呼应着人们的直接需求，而更多则是为了满足这些直接需求而间接存在的行业，我们通常会用 2C（对用户）或 2B（对机构）这样的简化表达以示区分。虽然行业目录非常详细，但并不意味完整，大量现实存在但非法的产业并没有被收录其中，人性的黑暗面里也蕴藏着大量真实需求。

我们通常把职业这种社会现象理解为一种经济行为，通过薪酬、福利等指标评估职业的优劣并进行就业决策。这样的理解当然不周全，社会上不仅存在职业化的公益组织，还有大量"全职家庭主妇"，这些并没有常规意义上的劳动报酬。近些年还出现了"全职儿女"现象，年轻人把赡养父母当作自己的职业，让啃老行为瞬间变得名正言顺起来。已经有经济学家展开研究，讨论这类隐形的价值创造到底能不能被纳入 GDP 的统计范围。

综上所述，"人的需求"或许才是职业之所以存在的根本，是职业的魂，而薪酬福利等指标只是确认需求和交互满足最常用、最普遍的方式之一。但仅仅使用经济指标理解职业现象，在家庭或小型组织的内部，或者面对"人工智能是否会消灭大量职业"这类极端问题的时候，就会变得非常扭曲，就像牛顿力学无法解释原子层面的物理现象，因此我们还需要进一步深挖。

## 企业的命，教育的痛

无论处在哪个行业，创业客户都是企业的使命，满足用户需求就有可能获得丰厚收益,这是社会对企业经营者的奖励。雇用适配的人才,向用户或客户提供服务,我们通常把这些招募人员的企业或社会组织统称为"用人单位"。把学生培养成人才并送进用人单位,就是职业教育的价值模式,是就业率的保障,更是产业和企业力量对职业教育发挥影响力的基本逻辑。如此逻辑当然没问题,但并不完美,其中就酝酿着职业教育的痛,甚至是整个教育生态的痛。

第一种痛是教育价值主导权问题,虽是皮肉之伤,但也难以医治。

"学以致用"是流传数千年的教育理念,意思是学会后就要使用知识和技能,学习者是行为的主人。而现实恰恰相反,"**学以被用**"才是更真实的状态,尤其是职业教育,把学生培养成特定形制的"螺丝钉"似乎更贴合大部分用人单位的真实需求。很多学者批判现代教育就是生产线模式,发言掷地有声,但又能怎样呢?痛心疾首却无可奈何。产教融合、校企合作、订单班、双元制仍是现代职业教育的主流策略,围绕企业需求开展职业教育,确实是顺应时代趋势。

切换到用人单位的视角,虽然我们都习惯了"人力资源"或"人力资本"这样的表达,但在财务报表中,员工的属性依然是成本。企业当然爱员工,但更爱客户,如果员工创造的收益低于其自身的成本,那对企业而言就是无用之人。京东集团创始人刘强东曾经把一线员工称为"兄弟",这是京东文化的特色,但当公司遇到严峻市场竞争并出现大公司病的时候,他也不得不改口

"凡是长期业绩不好，从来不拼搏的人，不是我的兄弟"。

第二种痛是教育和资本的关系，已经深入骨髓，甚至让人感觉不到痛，正在酝酿基因层面的突变。

产业发展当然离不开资本，企业与资本的关系已经被充分研究，并通过各种金融工具提升匹配效率。教育经济学者对教育生态中的经济现象有研究但还不算太充分，尤其是产业力量对学校教育的影响，毕业生的经济收入水平成为评估学校质量的关键指标，"书中自有黄金屋"，学习成绩和财富水平真的具有因果关系吗？缺少评估教学成果的有效抓手，很多职校教师其实并不太在意教学过程，学生也常常处于迷茫中，求学不如求佛，希望找工作时有好运气。

职业教育和资本的关系，其实还有很多难题：如果人才是学校的产品，那为何用人单位不向学校付费呢？如果学校培养的人才非常优秀，能否因此获得额外收益呢？职业教育的优劣，除了薪酬水平，还有哪些可衡量指标？学生差异很大，学费却一样，如此公平吗？职业学校能否归属于企业类型，并且以盈利为目标？这些问题不见得都有解，至少可以触发对职业教育更多元的理解。后面谈到学校力量的时候，还会再次触及"义利之辨"这个难题。

产业和企业是当代社会最活跃的力量，以用人单位的定位影响着职业教育的优劣和理念，以资本方式决定着职业教育的资源和运营，更以生态玩家的角色直接进入职教生态内呼风唤雨。产业和企业的力量，似乎正在指挥着职业教育的前进方向，真相到底怎样，善恶如何分辨，存在很多未解之谜。

# 第二节
# OpenAI、英伟达与胖东来：
# 超创型企业的崛起

## OpenAI 挑战谷歌的价值逻辑

2024年初，被中国网友们称为"劈柴"的谷歌CEO桑达尔·皮查伊（Sundar Pichai）在内部会议中表示要继续"批裁"——批量裁员！事情的原委要回到2022年底，谷歌市值从峰值2万亿美元近乎腰斩，只能通过裁员断臂求生，金融市场给出积极回应，到2023年底又恢复到1.7万亿美元！既然已经满血复活，还要继续大量裁员，皮查伊疯了吗？他当然没有疯，理由很简单："为了实现公司的宏伟目标，我们将继续裁员！"问题来了，谷歌的宏伟目标是什么呢？

不能不说，OpenAI 是促使谷歌不断裁员的关键力量。表层是市场竞争，实际上双方在激烈争夺人工智能科技的领导权，再深挖一层，双方争夺的是数字科技的江湖地位，OpenAI 已经从谷歌手中夺走了"超级创造者"的锦旗，而皮查伊的伟大目标就是重新夺回来。

那什么指标最能反映谁是超级创造者呢？营收、利润、用户数都可以，但"人均市值"更直观！靠堆人数获得市值的企业太臃肿，显然秀不出超级创造者的肌肉健美感！2024年10月，OpenAI只有一千多名员工，融资估值就达1570亿美元，人均约1亿量级，是谷歌的10倍，皮查伊显然无法淡定，裁员不能停！不仅谷歌，很多硅谷巨头乃至中国互联网大厂都开始采取相似策略，除了AI业务积极招聘，其他部门都在缩编。这不是"增兵减灶"的短期战术，而是"减员增效"的商业新战略！

AI改变了科技企业创造力的基础标准，市场不再完全遵循"人多力量大"的传统逻辑，反而涌现出越来越多"人少更值钱"的案例。制造业追求黑灯工厂的高效能，科技企业评估员工的"含AI率"，像Midjourney这家提供AI文生图服务的公司，用户过千万、营收过亿的时候，包括兼职大学生在内只有11位员工，而且大部分时候并不在一起办公！确实非常酷，难道不是吗？

## 英伟达的教育护城河

想要在AI时代掘金，怎么都绕不过一位喜欢穿黑色皮衣的黄皮肤面孔——英伟达CEO黄仁勋。但大部分人并不知道，英伟达的成功和教育有着非常紧密的关系，甚至蕴含着企业与职业教育的某种未来趋势。

黄仁勋有着极强的战略定力，1993年创业之初就是卖芯片，三十年后还是卖芯片。这个业务虽然能坐上摩尔定律的快车，但并不会一帆风顺，竞争异常激烈，好几次都险些被甩下车。英伟达面临的最大的挑战不是芯片研发，而是应用行业的兴衰，这间接决定着公司的价值。游戏行业让英伟达市值站上 100 亿美元的台阶，区块链虚拟货币助推英伟达触碰到 8000 亿美元的高位，风口过去，市值腰斩。随着 ChatGPT 的问世，英伟达市值再次狂飙，上演了一出"飞黄腾达"的精彩故事，这让曾经的行业大哥英特尔"羡慕嫉妒恨"，好巧不巧，NVIDIA 的本意就是"嫉妒"！

把 GPU 芯片用于训练人工智能并不是黄仁勋的发明，而是命运的双向奔赴。英伟达于 2006 年启动 CUDA 项目（Compute Unified Device Architecture，统一计算架构），允许开发者自行调用 GPU 的并行计算能力。这听上去很美好，现实却很残酷，使用者都是搞科研的老师和学生，硬件采购很少，软件还付不起钱，CUDA 项目甚至拖累整个公司出现亏损。但黄仁勋很坚持，花大力气到高校做推广，帮助建实验室、开设专业、举办比赛，到 2010 年时大约有 250 所大学成为 CUDA 的伙伴。英伟达进驻学校推广 CUDA 软件，锁定未来优秀人才的工具路径，这难道不是更高层次的职业教育吗？

功夫不负有心人，黄仁勋布局 CUDA 六年之后才迎来重大转机。2012 年，杰弗里·辛顿（Geoffrey Hinton）带着两个博士生参加斯坦福大学举办的图像识别大赛 ImageNet，他们开发的 AlexNet 仅用 6 颗英伟达 GPU 就完胜谷歌用 16 000 颗 CPU 打造的豪华阵容，高下立判！这是辛顿团队的荣誉，是 GPU 芯片的功劳，更是 CUDA 平台的胜利！被打败，就收购，谷歌用 4400 万美元将师徒三人纳入麾下，基于 GPU 驱动的人工智能时代从此拉开序幕。2019 年，辛顿获得图灵奖，成为人工智能领域的泰斗，而当年参加比赛的博士生伊利亚·苏茨克维（Ilya Sutskever）几年后打造出了惊艳世界的 ChatGPT。

人工智能的故事无比精彩，有人解析大模型，有人研究 Transformer 算法，有人重视 GPU 算力，却极少有人关注 CUDA。黄仁勋很清楚，芯片是英伟达的印钞机，而 CUDA 才是英伟达真正意义上的护城河。经过近 20 年的发展，尤其是深入高校的孜孜耕耘，CUDA 已经与无数英才的职业发展形成高强度的捆绑，不仅是展现能力的工具，更是思维和理念的载体。我们常把"手上拿着锤子，看哪里都是钉子"当作负面的谚语，其实还有另一种故事版本，数以万计的工程师用 CUDA 创造出五花八门的 AI 锤子，兴奋地敲打着整个世界，似乎任何行业都值得重做一遍！

将企业人才培养前推到学校的策略本身并不算新鲜，此前的微软、甲骨文、苹果、Adobe、达索（Dassault）、欧特克（Autodesk）等企业也都有可圈可点的成就，但像英伟达这样的超级案例并不多。高瞻远瞩，敢冒风险，持续投入，久久为功，不仅为很多人铺设了从校园到职场的高速公路，更推动企业成为时代的引领者。我们常说工业软件是新质生产力卡脖子的重点领域，目前已经有些国内企业开始重视校园市场的布局，虽然要极为努力才能挤出一点生存空间，但这似乎是破土而生的必由之路。

## 胖东来是一所学校吗？

科技竞争风起云涌，但大众只能吃瓜八卦，像百货商超这类传统产业，老百姓更能获得切身感受。伴随电商的崛起，很多实体零售企业都溃不成军，而地处河南许昌这个四线城市的胖东来却被誉为中国零售业的新典范。2023年，胖东来营收刚过百亿元，在中国连锁零售业中排名并不突出。媒体上充斥着视频和文章，展现胖东来宠爱消费者的各种细节，我们可以透过这些现象，探究深层的秘密。

创始人于东来如此定义："胖东来不是一家企业，而是一所学校。"这本身就很奇怪。胖东来的企业信念是"自由·爱"，经营目标是"培养健全的人格，成就阳光个性的生命"，确实都有教育的味道。但于东来本身并没有教育从业经历，小时候学习成绩很糟糕，不到十五岁就辍学了。经历近三十年的挫折、反思与探索，他主动选择为企业注入强烈的教育属性，这或许就是胖东来腾飞的最初原因。

胖东来不仅服务本地人，甚至成为旅游目的地，高水平的消费体验只是基础，热情的员工也是吸引很多人关注的焦点。胖东来坚信只有幸福的员工才会真诚地为顾客考虑，以远超社会一般标准的方式宠爱员工，让无数打工人羡慕不已。作为实体零售企业敢于周二闭店放假，普通员工也有多天带薪假，还有不开心假和受委屈奖等暖心福利；财务制度也非同寻常，把90%的经营利润拿出来及时分配，让员工和管理层的薪酬远超行业平均水平。与此同时，胖东来还拒绝多业并举和城市扩张，不考虑上市，甚至还提出营业额上限，克制的欲望让那些特殊的制度有了长期存续的土壤。不过，这些只能证明胖东来是一家充满人文关怀的企业，跟教育关系并不大。

在胖东来的排序里，员工第一，地位比客户和股东都高，员工幸福是企业的目标，而不仅仅是服务客户和股东的手段。幸福是一种生活状态，更是一种综合能力，需要系统地、长期地、场景化地学习。大部分人在学校里学会很多知识和职业技能，却忽视对生活能力的培养，更是把幸福视为一种遥远的存在，胖东来尝试补上这个教育漏洞！仅仅给予时间和金钱显然不够，还要帮助大家获得驾驭时间和金钱的能力，这是非常务实的教育过程。无论导购员、保洁员、采购员等普通员工还是管理层，常规岗位培训是基础，提升工作表现才能赢得市场，还要把居家、感情、亲子、父母、健康、安全、休假、理财等主题落实到日常学习项目中，让每个员工都能清晰地展开人生规划，追求更完整的幸福。胖东来如此大费周章，从教育开始着手塑造企业的理念和实践，才有了前面那些在媒体上爆火的故事。

新质生产力时代，越来越多的人不再醉心于追求物质享受，教育家型的企业家更有机会成为超级创造者，孕育新的企业流派——学校型企业，不仅创造经济价值，更创造社会意义。除了胖东来，苏州德胜洋楼也是非常精彩的案例，虽然业务很小众，但在企业家群体中也有广泛的影响力，不仅把普通农民培养成高水平的木工手艺人，更关注培养和提升他们的人生品质。而谷歌为了激发员工创新，允许工程师们花 20% 的时间，自主支配用于学习或探究自己感兴趣的项目，很多重大创新其实都源于这个制度，比如 Gmail、谷歌地图以及开启 AI 新时代的 Transformer 算法。

我们或许可以借用人类学家费孝通先生提出的"**差序格局理论**"来理解学校型企业的价值逻辑。传统企业以股东权益为基准线，客户是远方的上帝，企业家和员工有不同的价值目标；而学校型企业更强调有节制的欲望和有良知的业务，包括企业主、高管、普通员工在内的所有人都追求完整的人生幸福，这不是零和博弈，只是衡量标准各有差异，蕴含着财富、物质、精神、社会关系的自由与自洽，客户不是上帝而是邻居，消费创造的利润滋养着整个群体。

胖东来吸引很多人前往消费，更吸引很多企业经营者参观学习，"学校型企业"的价值或许不限于此，还能给"企业型学校"乃至所有学校都带来启发。新质生产力时代，无论是企业还是学校，都会演化出新的质态，共同营造新的繁荣。

## 第三节
## 产教竞合，新质·职业教育的新游戏

### 超创型企业的职教基因

我们谈超创型企业的崛起，OpenAI 和英伟达的案例顺理成章，数智科技不仅贴合新质生产力的故事模型，更能触达全球用户；篇幅最大的胖东来，不仅与科技挂不上钩，业务范围也只限于两个小城市，这种巨大的反差肯定会让很多人产生疑惑。

在经济学视角下，生产力常常与生产关系联合使用，作为理解社会经济生产的两个基本概念相辅相成；与此同时，生产力也经常被拆解为"劳动者、劳动资料、劳动对象"三种要素，其中劳动者之间的聚合离散对应的就是复杂的生产关系。无论联合还是拆解，"力"与"关系"都是核心词，我们借用这两个语素，理解不同类型企业对职业教育的影响。在物理学视角下，物体之间的"力"就是它们的"关系"，两个概念描述的其实是同一个现象。

OpenAI 开创人工智能的新一轮浪潮，触发顶尖科技企业在人效维度上的竞争，人均营业额、人均利润、人均市值都可以，想象可以没有上限。这些企业倾向于招募学校和企业都很难培养的顶级人才，甚至天才，用高薪、高期权、高自主等强激励方案把他们聚合在一起，就像核聚变一样，涌现出极强的创造力。某种意义上，以OpenAI为代表的超创型企业，职业是精英模式，**教育是选拔策略**，聚合人才直接推动科技进步，可以归纳为"强力+强关系"类型。

英伟达公司本身与OpenAI相似，但基于CUDA平台在企业外部培养的产业人才则属于不同类型，他们不是直接聚合，而是分散探索，不仅为平台创造丰厚的市场回报，更成就了产业的繁荣。类似情况还有阿里巴巴、亚马逊等电商平台，微博、微信公众号、抖音、小红书等社交媒体平台，苹果、安卓等软件生态。这种类型的超创企业，职业依然是精英模式，将成功欲望转化为自驱力实现间接教育赋能，可以归纳为"强力+弱关系"类型。

企业招募精英人才，平台奖励精英人才，AI更是讲述"少数人创造巨大价值，淘汰无数从业者"的恐慌故事。那么问题来了，不属于精英的大多数人该怎么办呢？是疯狂内卷，还是躺平被淘汰，甚至成为尤瓦尔·赫拉利在《未来简史》中描述的"无用之人"呢？

只要世界上还有人，就会形成社群，每个人只有通过与其他人的连接才能获得人生意义。科技不喜欢大众，政府需要大众，精英企业只把大众当用户，社会还需要更多企业组织，吸纳大量普通人就业，基于市场规律参与社会运行，服务真实生活，创造生命的意义感。像胖东来这样的教育型企业，蕴含着深刻的教育基因，企业即学校，提供职业教育乃至人生教育，虽然每个人都是普通个体，但通过工作、教育、社区、朋友等多重关系聚合起来，依然展现出旺盛的生命力，属于"弱力＋强关系"类型。

两维度划分四象限，肯定还有"弱力＋弱关系"类型，将是怎样的存在呢？就先留给读者们自行思考，我们后面还会再详述。科技涌现神灵智能，政府维系圣贤道德，生产力快速发展，生产关系快速迭代，五彩斑斓的企业组织，在细微之处诠释着人们工作与生活的真实故事，虽然不完美，但充满活力。

## 道不同，怎相为谋

产教融合、企校合作是我国职业教育发展的基本战略，几乎是职教圈所有人的共识，不仅在各类政策文件中高频出现，更是学者们解读新质生产力和职业教育的关键视角。

但像胖东来这种自身就完成"产教融合"的案例实在太稀缺，我们还是要回到常规状态理解社会趋势。企业代表产业，学校代表教育，产教融合、校企合作，显然不是指企业招聘人才或者学校采购服务这类简单合作，一个"融"字，一个"合"字，营造出其乐融融、志同道合的氛围，核心是携手为社会培养优秀的人才。

现实中的产教融合、校企合作并不轻松！机缘巧合之下，企校实现接触，即使双方都怀着积极和善意，洽谈磨合的过程也不会非常顺利，克服重重困难，挂起合作牌匾，完成投资，建设好实训基地，依然还在路上。照片可以赢得掌声和奖项，但这显然不等于培养人才的结果，实际覆盖多少学生，培养深度和效果如何，双方的公开报道对这类数据都讳莫如深。起步期望值很高，运作中越来越失望，是很多校企合作项目的真实写照，学者们通常把这种现象称为"校热企冷"，诚然如此啊！

所谓"道不同，不相为谋"，企业和学校的基础定位差异很大，决定了在常规社会环境条件下，双方很难产生长期且紧密的合作。就算双方都有产教融合的理念，但从起点到终点，校企合作至少要迈过机缘接触、理念共鸣、沟通洽谈、立项拨款、师资选配、教学交付、效果测评、价值创造等多重障碍，就算每一步的损耗都可控，综合起来仍是一个极为漫长且成本非常高的过程。解析少数成功案例，基本特点就是其中一方表达出强烈意愿，主动简化机制，消解层层难关，先跑通再升级，才能实现及格水平以上的合作。

对标准化人才需求强烈的企业通常比较主动，提供类似订单班、委培班等解决方案，在课程、项目、专业层面开展校企合作。双方绑定关系比较浅，学校有较高自由度，对学生的约束也少，甚至有企业只是品牌冠名，并没有参与人才培养过程。这类浅层次合作并不能满足社会对产教融合的高阶需求，而且大部分企业也不具备这样的品牌实力。

如果学校积极主动，就更容易在专业或学院层面建立合作。全国已经有数百所学校成立了"现代产业学院"，由校方提供津贴，邀请企业派驻专人完成课程教学，学生能够在真实项目中学习，甚至还能获得兼职收入，企业完成业务的同时也获得了人才优先选择权。虽然方案略显复杂，但对中小企业相对友好，还能助力学校推动双师型教师的培养。南昌市政府重点布局虚拟现实产业，于是江西财经大学顺势而为成立 VR 产业学院，在全国范围内邀请企业驻校办学，由企业承载的专业课程占比已经超过 60%，属于深层次校企合作的典型案例，基本实现了现阶段产教融合所描述的愿景。

更深度的融合体现在学校层面，不仅课程、师资、教纲、测评、就业等方面强调产业的力量，甚至在空间、理念、教学管理、学校治理等层面都能体现产业方的权益和责任。江苏太仓聚集了数百家德国企业，自 20 世纪末就借鉴德国双元制职教模式，开展中国本土化实践。从 2001 年的太仓德资企业专业工人培训中心，到 2004 年的健雄职业技术学院，再到 2015 年由政府牵头成立的中德双元制职教联盟，连接起来有近百所职业学校。虽然双元制职业教育的成功案例很丰富，但并不意味着这条路就一帆风顺，到太仓考察过的学校领导不计其数，很多都留下"确实很好，但学不了"的深深感慨！

产教融合探索越深，遇到的阻力也会越大，甚至会超出教育的范畴，比如德国双元制之所以难模仿，深层原因是对职业教育属性的认知。在我国以及大多数国家，职业教育默认属于教育范畴，由教育部门主导制定政策。而在德国，职业教育首先被视为是经济活动，职业教育法是经济法的分支，属于联邦级别的范畴，而普通教育归属地方政府管理，而且没有国家级的教育法规，于是就出现了"职业教育法"比"教育法"地位还高的局面。

产教融合对吗？显然非常正确。产教融合难吗？当然非常困难。新质生产力需要职业教育释放更强的产业人才培养能力，就要提升产教融合的转化效率，几十年探索积累了很多经验，但要满足新质职业教育的标准，似乎还是不够。

## 产教融合→产教竞合

即使有很多成功案例，我们也必须承认，学校和企业本就是两种不同的组织模式，自然融合的难度非常大。新质职业教育的目标是培养适应新时代的创新人才，需要让学校和企业都能充分发挥各自的优势和资源，至于二者的关系，"融合"只是理念表达，并没有固定且成熟的方案，实践路径本身就需要探索和创新！

基于六力博弈模型，运用"产教竞合"重新解释"产教融合"，虽然只有一字之差，但依然可以拓展认知。政府主动协调，联合多方力量建设一个良性的竞争合作环境，让优秀企业有意愿将其"超创能力"投射到教育场景中，让优秀学校有动力将培养人才的"专业能力"反哺企业，最终实现不拘一格"降"人才！

首先，让学校更像企业，尤其推动学校在时间维度上与企业共振。职场没有寒暑假、课时等概念，"上课一小时，间隔一星期"的教学模式比"三天打鱼，两天晒网"更低效，显然不符合企业节奏。让企业适应学校是削足适履，不如在学校里设置工作日、职业周，让企业以工作坊、项目营等更灵活的形式进入学校，用真实工作流提升职业模拟度，用市场紧迫感激发学生创造力。

职业学校执行的双学期制度，某种意义上也是鸡肋，可以通过"四季错峰学期制度"，将一年拆分成四个学期，将不同学校或不同院系的放假时间错开，既保障学生的休假权益，又贴合市场腾挪出更多的职业实践机会。在更大的尺度上，二至四年的学制同样存在变革的可能，针对网络安全、国际贸易等长存续、快更新的专业领域，以产业联盟或职业社群为支撑，允许学校开设"永续型专业"，贴合市场节奏，活化教学资源，让职业教育逐步贴近终身教育的想象。

其次，让学校进驻企业，将企业内训融入正规教育认证的范畴。企业联合优质学校，通过学习者日、创造者日、导师日等主题，在真实职场中提升员工的创新能力，同时也让在校学生获得高质量的实践机会，而企业员工则因扮演指导者加深对职业的认知，甚至通过政策引导具有产业代表性的企业建设成为"**教育友好型企业**"，比如在工厂建设过程中就前置设计教育专用区域，不仅适配一般的参观游学，更能满足企业内训、高等教育和职业教育专业项目制学习的共同需求，政府通过给这样的企业颁奖，以"四两拨千斤"之力推动产教融合。换种视角思考，这类企业也会倒逼学校的进化，如果学校不具备赋能企业的实力，那培养出的学生也就可想而知了。

再次，让企校联合组队，通过竞赛等教育生态玩法，在良性的社会竞争中推动彼此的创新力。比赛就是游戏，结果只是激励，关键是校企联合起来。职教领域的比赛虽然存在，但整体品质有待提升，评审颁奖并不难，如何更好地发挥比赛的教育价值才是难点，严肃有余，趣味不足。企业根据市场动态设计竞赛主题，学生在模拟场景中历练专业能力，感受复杂的社会，提升职业的韧性。现阶段而言，数量才是关键，适度放松进入门槛，黑猫白猫都可以试试，基于数量再提升质量，这本身就是竞合模式的体现。

除了以上，当然还有更多可以操作的维度，资金、空间、排名、奖项、社会名誉、特殊权益、媒体呈现等，只要具备价值感和稀缺性，都可以通过机制设计，吸引企业和学校共同参与，过程有意思，结果才有意义，用"产教竞合"促进"产教融合"，最终还是指向培养高素质的创新人才，这是教育的目标，也是企业的需求。

我们还要承认，在职业人才培养方面，**企业与学校原本就有竞争关系**。某些行业的龙头企业会被称为"XX领域的黄埔军校"；顶级互联网大厂的工作经历，要比名校的学历更受HR们的青睐；至于胖东来这类案例，企业就是学校，理念高度和教育质量远超过大部分的职业学校，传统学历失效，甚至并不鼓励员工进修考证，因为没必要。产教竞合，让产业赋能教育，其实给某些学校一个自我救赎的机会，如果时间再拖久一些，越来越多的学校型企业逐步崛起，那些跟不上时代的学校就没资格继续搞教育了。

由OpenAI的工程师创作的畅销书《为什么伟大不能被计

划》，就是在论证一个简单的社会规律，真正的创新不是按计划做出来的，而是在不断的兴趣探索中碰撞出来的。旧机器可以生产新产品，但生产不出跨代的新产品，培养新质生产力所需要的创新型产业人才，也不能依托陈旧的教育模式。这是一个好玩的游戏，但显然不是谁都能玩好的游戏，让传统、规则、按部就班的职业教育自己跳出舒适圈，怎么可能呢？充分借力代表新质生产力的超创型企业，激发职业教育生态的活力，竞合互转，各美其美，相得益彰！

# 第五章

## 纵横——生态玩家的力量

科技 政府

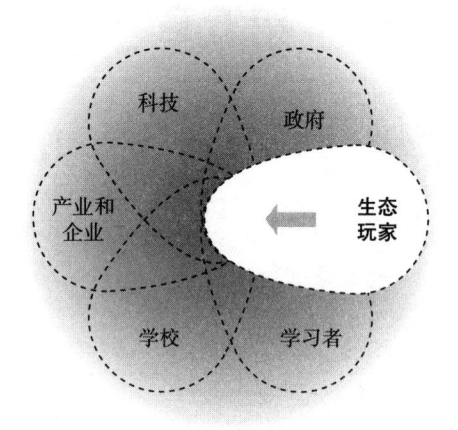

产业和
企业 ← 生态
玩家

学校 学习者

# 第一节
# 职业教育生态玩家的群像

## 生态玩家,都在玩什么?

"生态玩家"显然不是常见的教育概念,而是本书发明的一种特别表达,无意于追求学术上的严谨,只是想照亮常规职业教育研究那些同样充满活力却被忽略的角落。

我们借用"生态"描述职业教育,本就是一种仿生跨界。自然生态里的物种非常丰富,有些季节往返,有些同位竞争,有些喜欢食腐,有些专靠寄生,还会时不时出现基因突变、物种入侵、生物灭绝等极致状况,物种混合,共生共存,这才是自然而然的状态。

在职业教育生态中,科技、政府、企业、学校都是台面上的强势存在,还有很多不太起眼的小物种依赖整个生态繁衍生息,算是狭义的生态玩家,作为一个模糊分类,大致相当于"其他"吧。

职业教育的生态玩家,包括做研究的、搞培训的、办活动的、开咨询的、拿资质的、建校园的、推公益的、组比赛的、评奖项的、供课程的、印教材的、发论文的、冲职称的、提学历的、拉排名的、写软件的、卖硬件的，其实还有更多细分，有些是企业，有些是社会组织，当然也有独立的个人。职业教育生态繁荣，需求吸引供给，供给激发需求，生机盎然，生生不息。

传统的教育研究比较少关注这些角色，并非完全忽视，而是把他们所从事的复杂事务压缩成一两个词就涵盖了。比如2022年前后，受元宇宙、人工智能等科技趋势的影响，某些地方政府提供几十亿元的贴息贷款支持建设"数字实训基地"，瞬间引燃了职教生态玩家的激情。一个实训基地动辄百万千万元的预算，除了培养学生，还能滋养数十种生态玩家的生存和发展。再比如近几年逐渐升温的职业技能比赛，学校最关注参赛拿奖牌，至于机制是否公平、运作是否顺畅、财务是否盈利并不重要，那是运营商的责任，也属于典型的生态玩家。

每个生态玩家的影响力都非常有限，但合起来对职业教育的影响却强大且深远。这些教育从业者的行为很容易被打上灰色标签，甚至成为敏感话题。解放思想，实事求是，只有充分理解生态玩家的价值逻辑，才有可能深度把握职教生态的竞合博弈。

## 生态玩家的内核

目前还没有某种简洁的模型能够系统地描述生态玩家的共性，拆词解字是一种比较讨巧的方式，虽然不严谨，但却比较直观。

"生"：生态玩家的首要特点就是拥有极强的生存能力。个体或许脆弱，但整体却像打不死的小强，比如围绕政府和特殊学校而存在的关系中介，以及助力师生写论文评职称的学术圈灰产。

"态"：很多生态玩家都展现出强烈的教育情怀。身处教育圈，情怀是基础话语，由于不涉及课堂教学等操作，生态玩家的教育情怀甚至可以更加纯粹，比如教育公益，最高阶的代表者就是联合国教科文组织。

"玩"：千万不要低估生态玩家的智慧，特别能折腾，爱玩才会赢。生态玩家需要不断创造新的市场机会才能存活，低级玩家依靠制造焦虑"割韭菜"，高级玩家通过比赛创造荣誉感，各有各的生存之道。

"家"：生态玩家非常善于学习并成为诸多细分领域的专家，这对职教生态意义重大。很多教育变革的方案，最初都来自生态玩家的设计和推动，影响政府、学校接受新理念并付诸实践，其中必然存在夸张成分，但也孕育着创新的火种，就像前面提到的数字实训，放在十年前基本是摆设，如今已经适用于培养高阶人才了。

职业教育的生态玩家，时而独立发展，时而联合推进，通过联盟、协会、朋友圈、上下游等方式彼此借力，形成一个庞杂的"弱中心化的价值网络"，与科技、政府、学校的力量有本质的不同，而与产业力量则有较多的相似之处。

某种意义上，生态玩家是把整个教育生态都当作他们的道场，职业教育只是其中一个赛道。"双减"政策落地之前，K12教育才是他们的掘金圣地，直到2022年更新《中华人民共和国职业教育法》，政府释放出更多政策利好，部分玩家才把重心转向职教领域，还有很多人保持观望。如此理解，生态玩家的生存模式有点像游牧部落，在运动中寻求发展。

某民间教育研究机构发布的《职业教育行业发展趋势报告》显示，中国职业教育市场规模已经超过 1 万亿人民币，并继续保持 7%~8% 的年度复合增长率。即使不看枯燥的市场数据，只是前瞻人口趋势与经济环境，也有越来越多的生态玩家认定职业教育的长效价值，逐步从游牧转为农耕，在此繁衍生息。

## 创造危机，激发活力

生态玩家繁衍生息的策略，整体看相当简单粗暴，就是"制造危机"，其中当然有对未来风险和发展机遇的高质量预判，但也混杂着被刻意强化出来的成长焦虑，给社会、家庭、个人带来明显的伤害，当然要扬善避恶，但治理之道并不简单。

制造危机的策略听起来不那么光明正大，但如果没有这些刺激，职教生态就是死气沉沉的样子。我们要给予生态玩家充分的理解和尊重，称为"创造危机"或许更有积极的意义，他们为职业教育发展做出的核心贡献就是"活力"。

拆解玩家们创造危机的常用方式，更能理解职教生态的内在机理。我们尝试借"三十六计"中的一些趣味表达，弱化词汇中蕴含的善恶刻板印象，只是为了映衬六力模型竞合博弈的特色。

创造危机，激发活力，最简单的策略就是"无中生有"。在职教生态内部制造系统性差异，对象可以是区域、学校、教师、课程、学生等，比如评选优秀学校、对学校做分级、评估优秀教师、认证双师型教师、推选精品课程、开展职业竞赛等方案。对于市场化的排名、评选和比赛，不同地方政府的接纳程度差异很大，生态玩家与政府会有近距离的博弈，学校和学生当然也是"爱恨交织"。

创造危机，激发活力，更系统的策略是"围魏救赵"与"声东击西"。绝大部分学生面对复杂的社会都会感到茫然，以就业为终点倒推，发掘出一系列的"痛点"或"痒点"，就能围绕它们做文章。"想要XX，就要YY，于是ZZ"是生态玩家的基本逻辑，就算不严谨，也极具说服力。比如"想要面试成功，就要有精美的简历、得体的职业装、适合的发型、漂亮的证件照，还不赶紧……"，甚至还能转化出"美容整形"和"职场算命"的业务呢！

在职教生态中，"技能证书"是最常见的认知焦点，吸引很多学生成为"考证族"，不断升级打怪，用以证明自己的能力和勤奋。殊不知，在很多招聘官的眼里，扔掉一份简历的理由不是因为证书太少，而是因为看到了他们认为没有意义或者不喜欢的证书，过犹不及。但我们显然不能因此否定技能证书的意义，这是一种信用货币，整体看绝对利大于弊，未来的证书肯定还会更多、更细。

创造危机，激发活力，高难度的策略是"趁火打劫"，本质就是借势发展。火，就是社会流行的热点，科技、政府、产业都是点燃热点的重要来源，网络媒体带来的便利，让发现热点更容易，抓住热点更快捷，转化变现更简单。

2001年中国加入世贸组织，社会对外语人才的需求陡增，新东方借风起势，成为中国教培行业第一股。与此同时，互联网创造财富神话，围绕计算机编程也涌现出很多教培企业，比如著名的达内教育。借热点拓展培训业务当然没问题，此前提到的技术成熟度曲线表明，风口过后就是深谷，2010年前后的3D打印热潮和2021年爆火的元宇宙，就让一些根基不稳的生态玩家吃了亏。如果内心只想"趁火打劫"，往往就会"引火烧身"，某位拥有百万粉丝的网红博主自称为"AI导师"搞培训，就因涉嫌虚假宣传被关停了账号。

"三十六计"还有很多，这些都不是职教生态玩家的专属策略，而是社会发展必然存在的博弈现象。任何复杂生态，都会有大量非核心角色，为整个生态创造活力。职业教育原本就是教育生态中最活跃的地带，玩家们的探索不仅激活了未来的职业教育，更能为教育乃至社会发展带来丰富的启发。

# 第二节
# 奥林匹克精神与游乐场门票

## 职业教育的奥林匹克精神

"岗课赛证"是职业教育圈的惯用词，其中比赛和证书都超出学校范畴，属于生态玩家主导的领域。

现代社会只要提到比赛，就不能忽视奥林匹克精神带来的深远影响。1896年，法国人顾拜旦推动举办第一届现代奥运会，明确规定只有业余选手才能参加，目的是维护体育精神不受侵蚀，可见在那个时代，职业竞争与比赛竞技在理念上近乎水火不容。直到1988年的汉城奥运会才开始接纳职业选手，没有职业选手的比赛不好看，再不开放就没有观众了。最初的奥林匹克精神是"更高、更快、更强"，后来补充了"更团结"，如今或许还要增加"更好看"呢！

1959年，第一届奥林匹克数学竞赛举办，教育从此与奥林匹克深度结缘。如今的学科奥赛已经有十几条赛道，除了传统理工科，也有哲学、历史、经济等人文社科，甚至还有更奇葩的"折纸奥赛"，那是相当飘呢！1985年，中国第一次派选手参加奥数竞赛，适应规则后很快就成了金牌专业户。学科奥赛之所以备受关注，不是因为"更高、更快、更强、更团结、更好看"，而是因为"更实用"，捆绑着顶级高校的择校特权，学科奥赛成了一些学生的荣耀和更多学生的噩梦。

职业教育也有自己的奥运会——世界技能大赛（World Skills Competition），起步比奥数还早，每两年一届。2011年，中国首次派队参加仅获得一枚银牌；三届后的2017年，中国就站稳了金牌榜第一的位置。原计划承办2021年第46届世界技能大赛，因新冠疫情被取消，后来再次申办，上海又成为2026年第48届大赛的举办地。

其实早在2008年，教育部就牵头启动了"全国职业院校技能大赛"，其中还设置了教师教学能力和班主任管理能力等特色赛道，更在2022年开启国际化之路，升格为"世界职业院校技能大赛"，吸引全球100多个国家和地区的近300所职业院校参与其中。

两个世界级的大赛显然存在竞合关系。仅仅模仿肯定行不通，想要让"世界职业院校技能大赛"持续举办并产生深远的全球影响力，如何打造精神内核，如何讲好全球故事，如何支撑职业教育发展，都是真真切切的难题。中国作为全球首屈一指的产业大国，只有将赛事文化和产业发展深度融合，才有可能实现多方共赢。

基础教育学科竞赛已经过热，卷到让学生吐血跳楼，反而埋没了孩子们的创造力。类似奥运会对职业选手的纠结，发展职业技能竞赛难道就不担心损害教育的意义吗？目前而言，职业教育竞赛的热度还远远不够，暂时还不用担心竞赛内卷和教育意义的问题。除了国家主办的大赛，还应该有行业协会和企业主导的垂直门类锦标赛，面向全球，百花齐放，三百六十行，行行有金牌，职教竞赛的拓展空间非常巨大，想卷到一块儿还不容易呢！当然，发展肯定会有很多困难，不仅是运营竞赛本身的难题，更是对教育理念和治理机制的挑战。职业比赛与行业发展紧密关联，如何让获奖和排名具备就业、薪酬等实用价值；职业比赛与市场媒体互动，如何优化机制和运营策略让比赛过程更精彩；提升职业教育的社会美誉度，如何让职业教育从业者和学生获得愉悦感和荣耀感。

基于六力模型，科技力量拓展空间，政府和学校开放部分权益，产业和生态玩家结合，让更多学习者在竞赛中突破潜能、发现自我，描绘新质职业教育的美好图景。回到最初的命题，想让职业教育跳出被歧视的困境，举办比赛或许就是关键之路呢！

回望时代大背景，新质生产力本就是全球产业博弈激发出的未来战略！比赛是源于人性的游戏，是创新活力的源泉，在职业教育场景下讲奥林匹克精神，不仅要追求技能水平"更高、更快、更强"，更要展现职业教育"更创新、更有用、更愉悦"的社会意义！

## 传统的证书：职业进步的阶梯

书，是人类进步的阶梯。

证书，是职业进步的阶梯吗？

证书，既不是教育的结果，也不是职业的前提，更不是人生的目标，但经历数百年的发展，逐渐成为教育和社会的价值枢纽，是融合智力、能力、时间、金钱和权力的复杂游戏。证书已经深深嵌入当代社会的运行之中，是个人可以公开发布的关键信号，极大降低了社会协作的信任成本，既能讲公平，又能讲效率，简直就是"两全其美"呢！当然，两美还不等于完美，证书给人们带来价值感的同时，也让很多人经历了痛苦，甚至会否定自己、怀疑人生。

绝大部分证书都跟职业关联，通过考试与测评获得。常规理解，学历学位证书是树根，从业资格证书是树干，知识或技能型证书则是茂盛的枝枝叶叶。至于参加比赛、实习、公益项目而获得的奖状或证明材料，那是不同的逻辑，咱们不混为一谈。

证书不仅能在教育生态中呼风唤雨，还能对产业发展和社会文化产生影响。没有哪个证书是天上掉下来的，从设立到推广，从测评到颁发，都需要持续运营，职业教育细分领域多、弹性空间大、利益丰厚、价值长久，吸引着很多生态玩家参与其中，当然也很容易出现良莠不齐的情况。如果操作得当，生态玩家们可以借"证书"之名快速迈向职教生态鄙视链的顶部。

基础教育普及与高校扩招，导致中职或大专学历约等于"学业失败者"标签，这是很多人的痛点，强烈希望打掉这个标签。普职融通是政府响应社会需求推进的改革，本身也是国际通行的操作，拓宽学历晋升的路径，初中一贯制大专、专+本、专升本、专升硕等，其中很多还能通过在职或远程学习获得，只要愿意花点钱，花点精力和时间，获得相对高阶一点的证书其实并不难。

变革还在继续，教育部于2019年正式启动本科层次职业教育的探索。截至2023年，33所职业本科院校共招收9万人，还不到总考生人数的1%，目前还只是一种有益的补充。如果延续此前提出的"高等教育99%都是职业教育"的观点，职业本科只能让"学历歧视曲线"变得更平滑，而无法改变"证书内卷、学历贬值"的整体趋势。不仅如此，基于学历证书的鄙视链有非常多层级，就算清北博士又如何，第一学历歧视依然会困扰很多优秀的人才。

我们当然不否定证书的社会价值，困境来自认知维度的局限，如果把"学历学位"比喻为树根，那就只能讲述"向上爬"的故事，证书就是职业进步的阶梯，而且别无选择！真相就是这样吗？未来必然如此吗？或许未必。

## 未来的证书：事业乐园的门票

职业证书或许存在一个"不可能三角"，涉及证书的含金量、考评的难度、财务和精力综合成本这三个维度。也就是说，社会上不会存在同时具备品质高、难度低、成本低这三种要素的貌似完美的证书。

想要提升学历，不见得都要"十年寒窗苦读"，获得品质高、难度低但成本相对高一些的证书当然也是可行之路！现实就是这样，某些生源不足的国外学校，开通专升硕的快速通道，法律上没有任何瑕疵。英国甚至已经把高等教育学历当作一种重要的外贸产业，每年能实现数百亿英镑的收益。我们当然要理解这就是事实，但也要清楚这只是教育生态里的一种证书游戏，社会价值清晰，教育意义有限。

继续拓展，职业千百种，评估三五层，知识技能的类型更丰富，三个维度组合起来就是一个立体的时空，理论上可以容纳无数种不同的证书。如此理解，证书的社会意义就会悄然变化，不再是割裂阶层、锁定职业、带来社会歧视的藩篱，而是帮助人们成长的工具。

想象容易，实践很难，证书的治理是症结所在。某些证书由政府部门组织测评并管理，比如司法部主管的法律职业证书、教育部主管的教师资格证书、财政部主管的注册会计师证书等，规范程度高，通过难度大，确实能承载职业准入的作用。而大部分职业技能证书通常由行业协会实施运营，严肃性和价值度自然就会良莠不齐。

围绕证书的博弈还会继续，混乱将会存在。证书充其量只是社会关系的标签，而不是直接的生产力要素，把职业证书摆在办公桌上并不能让工作结果更好！过度重视证书，虽然不会直接伤害产业基本面，但会消磨一点创新意志，增加一点社会抱怨。新质职业教育需要改变这种纠结的状态，让证书不再作为阶层歧视的标准或职业进阶的负担，而是成为事业乐园的门票，场面或许还是乱糟糟的，但人们的心态应该愉悦一些！

推动职业教育证书变革,至少需要四种力量的参与:科技提升效能和可信度,政府牵头改革责无旁贷,还要激发学校和生态玩家们的内在动力!相关学者提出的思考和建议已经非常丰富,综合起来可以概括为三个方面:**职教阶梯要并行,准入增益两分开,数字技术深应用。**

普职融合并不能解决职业教育的学历焦虑,反而会稀释传统的"学士、硕士、博士"等学术型认证的价值。为何不另辟蹊径呢?当然可以,新质就要敢于创新!摸着石头过河,教授、研究员、工程师等职称等级已经提供了参考样本,或许可以使用"匠士、研士、创士"作为对标,普职呼应,平等互通。契合职业教育的内在规律,新名称对应新标准,新证书成为新荣誉,促进职业者的终身成长,将智识经验转化为生产力和创造力。变革当然不会一蹴而就,新质生产力对应的重点产业或许就是变革的试验区。

产业快速迭代,专业优胜劣汰,职业不断萌生,国家编纂的专业目录的修订幅度越来越大,如何稳住阵脚?既然职业资格和知识技能证书原本就边界模糊,不如从职业价值维度进行治理,拓展当前"1+N"和"微证书"策略的内涵,让"准入型证书"承载硬标准,让"增益型证书"强调软价值。政府的角色重心从考试发证转向数据治理,开放测评市场,鼓励品牌竞争,让生态玩家成为推动发展的生力军。

区块链技术与证书数据治理天然契合,已经有不少专家进行过研究探索。防伪并不是问题的关键,认证权的博弈才是核心,运用区块链和 AI 技术，优化认证中的角色与责权利的关系。我们需要时刻清醒，表层是证书游戏，深层还是人对人的评价，职教证书应该更早突破应试教育的魔咒，让现实中行之有效的专业评估、推荐信、实践成果、社会关系、性格类型等都能成为有效的评估元素，让证书与知识技能、职业潜力、产业趋势的关系更加紧密且可信。

书籍，是人类进步的阶梯；证书，是每个人职业进步的阶梯。传统职业证书铺就的路，很难抵达新质生产力指向的那方沃土，"要想富、先修路""以正和、以奇胜"，直接变革职业教育的教学体系太过于兴师动众，从证书开启探索，或许可以收获奇效呢！

# 第三节
# 失控的活棋：新质·职业教育的生态治理

## 生态的死结，玩家的活棋

"生态"这个词非常高大上，甚至有种俯瞰芸芸众生的感觉。现实却非常残酷，越是接近生态的情形，就意味着越是善恶混杂，甚至可以粗略地认为"生态≈失控"，这或许就是"生态的死结"，生死就在一念之间！那些把建立商业生态作为口头禅的企业，最能感受这个词的反噬效应，比如红极一时的贾跃亭，当他高调提出"生态化反"概念后不久，乐视帝国便开始了一溃千里的崩盘。

职业教育确实是一个复杂的生态，没有谁能真正控制。如何在科技、政府、产业、学校留下的夹缝中闪展腾挪，如何在失控的局面中找到自己的生存之道，如何把"死结"变成"活棋"，是每个生态玩家都要思考的课题。即使强大如联合国教科文组织，也不能躺平，需要努力建设自身的影响力。联合国教科文组织虽然在教育方面颇有建树，但在科技领域的影响力非常有限，大咖们并不把它放在眼里，庞大复杂的科学共同体有自己的力量基础。

生态玩家与科技的关系最直接，无论科技的力量多么强大，想要从象牙塔和实验室走向产业应用和教育一线，就必须得到生态玩家的支持，这也是新质职业教育的薄弱环节。当前国内科普教育倾向于把焦点放在童蒙阶段，科技场馆的展陈、科研院所的社会课程，都更贴合少年儿童的认知和诉求。未来需要越来越多的顶尖大咖走进职教生态，面向职校学生开展有深度的跨学科项目课程，助力前沿科技与产业实践之间的高效转化。

生态玩家与企业最相共鸣。企业是现代社会的活跃元素，作为用人单位，很多企业都认为职业学校培养人才的效能和品质无法满足需求。从企业产生需求到学校落实教学，怎样提升转化效能呢？部分企业通过参访、发证、比赛等方式同时扮演起生态玩家的角色，以期吸引到更优秀的人才。更深入的方式是校企合作，直接参与人才培养。当然也有实力型企业，通过自建培养体系，事实上承载起了职业学校的教育责任。还有一些互联网平台，比如淘宝、京东、抖音等，通过"品牌大学"或"签约培训师"等机制建立利益共同体，深化对职教生态的影响力。如果能推出"教育友好型企业"榜单，评选本身就是一件极具杠杆的操作呢！

生态玩家与学校的关系最微妙。每所学校都是一个小生态，铁打的学校，流水的服务商，共同维系学校的日常运作。由于职业学校的经济模型相对简单，学费是核心并且受到政府监管，学校与生态玩家的经济关系常常就是零和博弈，让学校在提升课程质量、改善师生关系、增加实践活动、优化生活条件、聚拢就业资源方面的动力受限，劣币驱逐良币，学生成为最终受损者。新质职业教育不是学校的单方面责任，高质量的生态伙伴关系、低概率的腐败损耗，也都是不可或缺的条件，这对生态玩家提出了新的挑战。

离不开科技、政府、企业、学校这些核心角色的支撑，生态玩家的发展策略或许可以总结为一句话——"根植一处，网连八方"，如果再浓缩为一个词，或许就是"纵横"。

低阶的生态玩家，作为某个主体的附庸或者只是提供普通的劳务，价值创造比较低；高水平的生态玩家，不断拓展自身的能力和资源，搞活局面，积累互信，本身就是不可或缺的"结构洞"，能够同步实现自身收益和社会价值的增值。最高水平的生态玩家，不仅自身业务稳健，还能长期坚持教育情怀，更新教育认知，积极参与推动职业教育的全面发展，正如先秦纵横家鼻祖鬼谷子所言："以下求小，以高求大，由此言之，无所不出，无所不入，无所不可。"

## 职教生态，如何治理？

前面一节，我们刻意跳过了生态玩家与政府的关系，显然是因为需要单独探讨。虽然说生态的核心特征就是"失控"，但大众并不喜欢这种天然的野趣，没有基本的安全感，何谈安居乐业，何谈人生幸福？生态治理是民众的需求，更是政府的责任。

肯定要治理，但怎么做却是千年难题！古今东西，政府都在不断探索社会职业和教育治理的策略。现代教育发端之前的基本模式就是"绑定",把职业这种后天可变的社会属性绑定在某种先天或者更稳定的要素上,比如性别、种族、土地、家族等,让社会治理稍微简单一些,对于农业和军队尤其重视,案例不胜枚举。

科技带动社会发展,让人们获得更大的自由度,迫使政府放松管制;与此同时,科技也会赋能政府升级工具,拓展治理的深度。在如此视角下,职教生态的治理难题就可以简化为**选择放开哪些维度,选择收紧哪些维度**,职教生态玩家的精彩故事就在这一张一弛之间。如何选择,没有固定的正确答案,也不是拍脑袋的决策,需要与社会发展状态相匹配,因此必然是一个动态的过程。

中国政府在 2000 年前后逐步放开对高校毕业生就业选择的管理,从"定向招生包分配"变成"双向选择",人才网站、招聘会、学生就业辅导机构等类型的生态玩家就如雨后春笋般发展起来。如此变革的背景包括高校并轨扩招、中国加入世贸、以经济发展为重心等,放开"就业维度"显然更有利于社会发展。深度理解新质生产力,结合研读《中华人民共和国职业教育法》和相关文件,会更容易判断政府对职教生态治理的策略方向和近期趋势。

学校、专业、课程、教材是政府教育治理的核心维度,已经形成了相当稳健的模式,变革门槛比较高。近几年,新建职业学校以及学校更名转并的新闻此起彼伏,但考虑到人口趋势、普职比例、高考机制等多方面因素,职业学校整体规模并不会扩大很多,甚至还会出现闲置缩编的可能。新质生产力对专业能力有更高要求,围绕专业转换、设施升级、数字实训等方面,肯定会涌现出大量需求,是生态服务的新机遇。职教领域的教材和课程原本就比较分散,数字化需要大量生态服务者,政策的推动效用相对有限。

**证书维度具有非常高的变革杠杆。** 前面已经展开论述,推动普职融通,推进"微证书"的探索,这些都已经在路上,如果职教领域能够设立类似"匠士、研士、创士"等富有特色的新型认证,不仅呼应新质生产品的价值导向,还能为职教生态注入强劲的活力。

**招生维度也存在清晰的变革空间。** 当前的中高考制度,将职业教育与学习失败者的标签紧密绑定,是职业教育歧视问题的直接源头。如果在职业学校招生中引入"申请双选制度",让部分学生绕过残酷低效的备考应试竞争,根据能力兴趣适配专业,不仅能提升招生效果,还能间接化解基础教育内卷难题。虽然变革招生机制难度非常大,但如今数字化工具发达,生态服务机构的能力也越来越强,通过区域试点进行探索大概率行得通。

**竞赛、奖项、榜单,是未来变革的活跃地带,是激活职业教育发展的重要维度。** 国家高举"世界职业院校技能大赛"的旗帜,更要号召地方政府行动起来。这些维度不仅激励效能高,运作也灵活,非常容易呼应新质生产力对应产业重点和科技热点。政府引入专业服务机构,吸引社会资源和资金,让政府政策获得更高的价值杠杆。

职业教师维度也存在鲜明的变革空间，甚至还会对基础教育师资改革产生推动效用。2019年，教育部联合多部门推出《深化新时代职业教育"双师型"教师队伍建设改革实施方案》，让教师制度改革成为热点。新质生产力指向前沿且快速变化，职业学校专业师资储备严重不足是亟待解决的难题，教师队伍的社会化就是必然趋势。吸引有社会阅历、有实践经验、有产业资源、有教育情怀、有教学能力、受学生欢迎的人成为教育工作者，培养优秀人才，实现多方共赢，呼应着两千年前"三人行必有我师"的想象，步入"人人皆可为师"的时代！要推进这样的改革，仅仅依靠学校显然不够，需要很多心怀教育理念、拥有强大创新能力的生态伙伴，众人拾柴才会火焰高！

职业教育的学制体系也是可以思考的维度，不仅潜藏巨大的社会价值，更能前瞻终身教育的变革趋势。新质生产力时代，所有产业都会快速变化，学校提供两至四年的课堂培养，已经无法满足社会对人才的综合需求。后面我们会重点论述，将"职业教育"升级为"事业教育"，教育体系可以为终身成长赋能。想象未来，职业教育可以在时间跨度上出现永不毕业的"陪伴式学制"，亦可在学期制度上出现"弹性学期模式"，让职业教育更加贴近产业而不是延续中小学的教学体系，这些变革都会拓展出大量的生态服务需求。

职业教育的经济模型也存在想象空间，由于涉及底层逻辑，变革门槛显然要高很多。人工智能的职业替代效应非常明显，极有可能改变社会对职业教育乃至教育的认识。当前职教学校的学费已经相对市场化，对很多家庭来说是一笔不小的负担，职业教育的钱应该由谁出、怎么出，政府是否值得为每个人的终身学习给予补贴，数字时代如何体现教育公平，这些都是涉及未来的教育课题。笔者曾经在《元宇宙教育》一书中提出"**教育数字货币**"方案设想，与此前提到山姆·阿尔特曼开展的无条件基本收入（UBI）实验遥相呼应，基于区块链技术构建终身教育的经济系统。

被动等待政府的变革，并不是生态玩家的风格，根植一处，网连八方，以生命活力推动生态演化才是生态玩家的使命。积极行动起来，促进多方沟通，提出变革方案，投入变革资源，开发变革产品与服务，让未来想象一步步变成现实。

## UNESCO 的隐喻和想象

教育生态里还有一类玩家，站位比政府更高，思考比时代更远，关注全人类的福祉和文明的方向，那就是各种类型的国际组织。这些"飘在天上"的生态玩家，对全球各国的教育政策与实践有着不可忽视的影响力。

成立于 1961 年的经济合作与发展组织（Organization for Economic Co-operation and Development，OECD），其成员国以西方发达国家为主，最初使命就是促进经济发展，调研并发布教育与产业相关的报告只是细分任务，没想到意外出圈，国际学生评估项目（Program for International Student Assessment，PISA）

反而成为 OECD 最响亮的子品牌。当然，OECD 对职业教育的关注和研究也非常深入，只是不像 PISA 那样享誉全球。

联合国无疑是所有国际组织里最有代表性的，甚至可以说是人类文明最高级别的竞合道场。想要在全球 80 亿人心目中树立高大上的形象，在全球 200 多个国家和地区的权力矩阵中建立影响力，就算顶着联合国的头衔，事情也没那么简单！联合国的组织结构极其复杂，各机构之间既紧密又松散，都要自设定位、自筹经费、自谋发展，其中联合国教科文组织或许是最成功的机构之一，知名度和美誉度很可能比联合国大会或者安全理事会都要高，类似世界自然与文化遗产、非物质文化遗产、地质公园等项目，不仅深入人心，更给很多地方带来直接的福祉。

联合国大部分机构的定位都非常具体，诸如劳工、农业、卫生、贸易、货币、海事、气象、电信、邮政等，甚至连知识产权、原子能等都有独立组织，相比之下，联合国教科文组织确实像一个异类！假如穿越回到 1945 年，"二战"炮火刚刚停歇，而你恰好就是联合国筹建过程中极具影响力的人物。那么问题来了，你是倾向于分别成立联合国教育组织、联合国科学组织、联合国文化组织，还是搞个大拼盘——联合国教科文组织呢？如果你认同合并方案，那三个概念的顺序和关系又该如何确定呢？

我们必须赞叹联合国教科文组织的巨大成就，名头越大，责任就越大。如果进行更高维度的审视，联合国教科文组织的实际影响力依然漂浮在表层。我们显然不能过度期望一个只有 2000 名工作人员的机构能够对个人产生直接赋能，而应该感到庆幸，将"教育、科学、文化"这三个宏大的社会概念以联合国机构的形式紧紧捆绑在一起，或许是历史的巧合，抑或隐含着某种文明的深意，足以孕育出无限的想象空间。

联合国教科文组织主要通过会议、报告、评估、公益、课题研究等方式输出影响力，职业教育虽然是不可或缺的主题，但显然还不是重心。国际职业技术教育大会是联合国教科文组织在职教领域最重要的机制性会议，大约十年才举办一次，频次低也能侧面说明一些问题。1987年第一届大会在德国柏林，1999年第二届大会在韩国首尔，2012年第三届大会在中国上海，主题是"为工作和生活培养技能"，发布的《上海共识》主要强调要增强职业教育的适切性，扩大机会，提升公平。

联合国教科文组织怎么才能在全球职业教育生态中发挥更大影响力呢？或者换种方法，职业教育生态需要联合国教科文组织发挥怎样的影响力呢？这是一个双向奔赴的过程。如果将教育、科技、文化三者融合起来理解职业教育生态的博弈，联合国教科文组织的独特性就有了更大的施展空间！职业，不仅是谋生之术，还是贯穿终身的教育，是创造价值的科技，更是具有普世意义的文化。未来的新质职业教育，如果只讲"职业"和"教育"的故事，是不是太单调了一些呢？把"科技"与"文化"邀请进来，连接融合之后才更有趣味和意义！

联合国教科文组织带来的启发或许也是新质职业教育的重任，鉴于当前的情形，各个国家和地区反而更加重视。2017年，天津举办了国际职业技术教育大会的中期会议，主题是"不断变化的技能：全球趋势与本土实践"。2022年，实现拓展升级，由教育部与联合国教科文组织合作举办的首届**世界职业技术教育发展大会**在天津召开，并结合世界职业技术教育发展联盟、世界职业院校技能大赛、世界职业教育产教融合线上博览会，形成"会、盟、赛、展"为一体的综合平台，展现出中国在职业教育国际交流合作方面的积极行动与责任担当。

全球产业联动，教育是人类共同话语，联合国教科文组织拓展出的想象空间，不仅使国家可以积极实践，也让每个生态玩家可以主动挖掘。站在联合国教科文组织的视角构建自身未来的业务，如何让教育、科技、文化共同为每个人的终身职业乃至事业赋能，机会无限多，任重而道远！

# 第六章

## 厚载——学校的力量

科技　政府

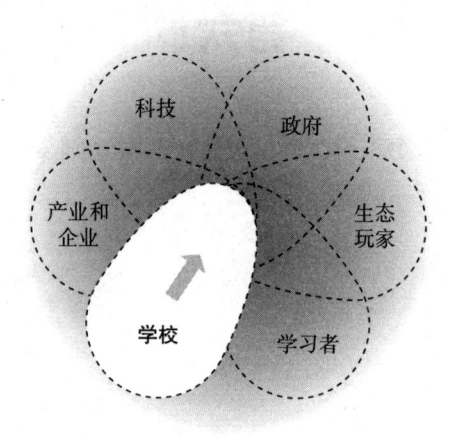

产业和
企业　　生态
　　　　玩家

学校　学习者

## 第一节
## 义利之辨：未来职业学校的价值模型

**办职校能赚钱吗？办职校能赚钱吗？**

标题没有错，一句话确实可以有两种不同的内涵。一种是指向社会定位，办职业学校是否可以以获利为目标；另一种指向财务评价，当前的企业型职业学校的盈利能力是否具有市场优势。前者对应初心，后者对应结果，是一个问题的两个分身，而职业学校被夹在中间，前后拉扯，左右为难，正是所谓的"义利之辨"！

我们都很清楚，"义利之辨"这个难题不仅针对职业教育，也针对幼儿园、中小学、教辅机构、培训公司、私人家教、竞赛组织、知识博主等，乃至教育生态的所有玩家，大家或多或少背负着这个难题。无论东西方，教育和金钱之间的关系都近乎无解，时不时引发社会的大辩论！教育很贵，教育很慢，教育和金钱的关系是教育治理的敏感地带，"义利之辨"是世界性的难题。

在我国传统文化中，"义利之辨"的难题源于孔子。孔子说"君子喻于义，小人喻于利"，明确了道义才是君子正途，这显然没问题。但他在办学这件事上却把自己推向对方阵营，"自行束脩以上，吾未尝无诲焉"（直译：只要主动给我十条干肉作为见面礼，我就没有不给予教诲的），收徒只看学费，束脩的标准在春秋时代绝对不便宜呢！后世儒家学者为了维护孔子的圣师形象，把"束脩"解释为年龄代词，不是不可以，但确实非常牵强。

孔子其实不用太为难，那时候的教育通常仅限于皇家和贵族体系内，学费不是核心问题。在义务教育普及之前，普通家庭要自行承担养育责任，文化教育依托家族或村落，相对于养孩子，教育成本也不突出。宗教或文化组织承载或资助平民教育，本身就包含传道的诉求，这种策略延续至今。职业教育则有着不同的逻辑，师傅带徒弟，但徒弟并不是师傅赚钱的对象，而是形成利益共同体，共同赚钱再分配，这种模式目前在文艺界还有部分留存，但显然已经不是主流。

义利之辨的根源虽然久远，但矛盾直到近代才凸显起来。现代政府发展出义务教育制度，用学校替代宗教、贵族、氏族、家庭、匠师的角色，面向大众承载教育责任，教育与金钱的关系出现结构性变化。随着社会发展，民众对教育的诉求越来越高，对应的成本自然也越来越高，教育和金钱的关系变得越来越敏感。再进一步，教育资源的品质与价格并不对应，部分顶级教育资源甚至完全免费，更让教育与金钱的关系陷入难解的漩涡。

改革开放之初，产教融合是极普遍的事情，无论校办工厂还是工厂办校，都极大地缓解了政府教育资金不足的难题。如今，知名高校大规模资本运作被政府叫停，民办学校严格控制招生比例，利润不能随意分配或转出，教育朝普惠非营利方向演化。但公办教育不能完整覆盖社会的教育需求，市场化教育服务的价格刺痛着很多家庭的钱包，矛盾并没有解决，甚至还局部加重了。

数年之前，办教育是能赚大钱的业务，开办学校时的股权结构都参照上市公司做规划，风险投资更是蜂拥而至，讲述着通过金融市场实现暴富的故事。2020年前后的"双减"强政，虽然主要面向K12教培机构，但所有教育类企业的股价或估值都遭受重创，市值跌到不足一成，甚至跌破净资产的情况比比皆是，"搞教育、赚大钱"的财富之路已经走不通了。我们可以展开想象，如果"哈耶普斯麻牛剑、清北复交"这些顶级大学登陆资本市场，市值将会如何？股价会受什么影响而波动？这些学校还能培养出更多顶尖人才吗？

有人说，发展经济的目的是让人们获得更好的住房、教育和医疗，而不是通过把住房、教育、医疗产业化来发展经济。无论怎么思辨，我们都很清楚，教育很贵，教育很慢，钱多不见得能办好教育，没钱通常办不好教育，但也不是完全不能办教育，钱从哪里来，多少最适合，教育经济学者对此有深度研究，教育与金钱的关系并不存在固定的最优算法，需要契合社会发展的状态，更要匹配决策者的意图，包括政府、机构、家庭和个人。

新质职业教育呼应更高的生产力水平，培养更高质量的人才，自然要投入更多资金，但要投入多少算够呢？是否需要重构教育和资本的算法关系，以提升教育投资的效能呢？回答很简单，必然如此！回答也很难，如何才是？

## 永远无法完备的经济闭环

一千年前,宋真宗赵恒为教育普及做出了不可磨灭的贡献,他创作了一首打油诗,"书中自有颜如玉,书中自有黄金屋",清晰直白接地气,很快成为千古金句,把学习的意义指向荣华富贵,虽然有些俗气,但其实没毛病。中国古代以科举制打底,政府只需要为考试选拔支付成本,而无须为教育过程操心,具有非常高的投资杠杆。

宋真宗塑造的教育理念大致属于功利主义的范畴,如今依然盛行,尤其在职业教育领域。**教育就是一种投资**,学习者投入金钱、时间和精力,以追求未来名誉、权力、利益的回报。如此定位,让我们可以用投资回报率(ROI)去评估教育决策的优劣。高考咨询师规劝一个高考生放弃新闻专业而填报计算机专业,最直接的理由就是前者就业难、后者工资高。花费数百万元留学,回国后却只找了月薪几千元的工作,反差实在太大,很快成为媒体热点。严谨的教育经济学研究,通过模型算法评估政府的教育投资是否产生了充分的社会价值。清华大学2023年预算超过400亿元,比其他学校高太多,让不少民众,甚至专家都感觉不公平,其中存在很多误解,因为教育回报率里有太多用金钱算不清楚的账。

职业教育更加畸形,在整个教育生态中的地位就偏低,各方面无法与双一流名校相比,但学费却更高,几年下来动辄要花几十万元,毕业后的工作却几乎存不下钱,怎么算都是失败的投资。这种现象已经开始困扰很多家长和学生，既然如此，为何还要上学呢？如果把学费直接付给企业，条件是获得稳定的工作并在实践中提升能力，三四年下来的效果会不会更好呢？现实中确实有企业以实习的名义收取学生费用，这种情况几乎都被政府明令禁止。

还有更让人费解的现象，很多职校毕业生并不急于找工作，而是以升学、考研、考公等名义待在家里，孜孜追求高学历，内心却不思考投入的资金和时间如何才能赚回来。清华大学心理学教授彭凯平曾经指出，学历教育就是为了延缓就业而存在的一种残酷的社会设计。我们在政府篇里阐述过，当社会没有足够的机会，与其让热血青年们在社会上无所事事，还不如把他们圈在学校里，社会成本更低，而且多少还有些成长空间，数智时代这种矛盾会更加突出。

我们或许可以归纳出一个结论，仅从"经济"维度无法有效解释教育生态的价值规律，更无法解决教育和金钱之间的矛盾。这就像天文学家的困惑，仅仅依靠恒星、黑洞等天体的质量，无法解释宇宙的运行状态，通过定义暗物质和暗能量，才能让宇宙自洽。至于暗物质和暗能量到底是什么，如何观察和测量，目前还是未解之谜，但这种假设却为认知宇宙打开了新视野。我们可以借用"暗物质""暗能量"作为类比，社会上存在很多看不见的力量影响着教育生态的运作。

宇宙不会因为我们无法理解就罢工，教育生态也不会因为我们难以解释就停下来。职业教育处在边缘地带，混沌现象最频繁，累积的问题也最复杂，或许更适合成为解开谜题的关键。"义利之辨"既然困扰了我们那么久，姑且就把那个看不见的维度定义为"义"吧！孔子说的"君子喻于义，小人喻于利"，我们暂且放下君子和小人的区分，"利"在社会中模糊对应着金钱、资本和财务维度，那"义"又对应什么呢？

## 义利融合：未来职业教育的价值模型

我们当然可以从"义"的字根词源去寻找解释，但 AI 大模型已经破解了语言的秘密，这个字只不过是飘荡在数千亿维度空间中的一个语素，只有同其他语素连接起来并且被人们使用才会获得含义。与其咬文嚼字，不如顺藤摸瓜，从"利"的踪迹中发现"义"的影子，基于社会现象描绘"义"的存在。

著名企业家曹德旺捐资 100 亿元启动建设福耀科技大学，定位是民办公助、非营利、公益性大学。曹德旺所追求的显然不是财务上的回报，而是社会价值。全球有很多知名大学，不仅最初建设资金来自商界大亨的投入，后期运营也高度依赖社会慈善捐赠，像哈佛大学、耶鲁大学、斯坦福大学这样的顶级名校，学校基金会都有 400 亿美元的规模，基金的投资收益是学校运作的核心支柱。当然，绝大部分学校都没有如此殷实的家底，政府拨款才是支撑运营的关键。如果政府不给钱或者投资不足，那就只能靠学生缴纳的学费，学生数量就是核心指标。

无论是捐赠资金，还是政府拨款，形式都是金钱，但其背后的意图都不是直接的经济收益,而是社会价值,都可以归入"义"的范畴,而学费显然并不属于这个逻辑。研究型大学吸纳社会捐款和政府资金,确实能够在一定程度上实现义利融合,而离产业和市场更近的职业学校,则更加依赖学费收入,如果不能让学校和学生都实现财务回报,就没有存续的意义了。

但真的没有意义吗?要跳出这样的价值困境,就要先打破定位枷锁,不能只从经济价值维度理解职业教育。随着人工智能、机器人等科技对劳动力市场的强势渗透,三五年就能彻底粉碎一个职业的经济价值,比如无人驾驶技术,如果仅靠市场优胜劣汰,传统出租车和网约车几乎没有还手的机会。把教育过程和经济价值深度绑定是一个高风险策略,学习只为找工作,赚钱不多还不持久,传统职业教育的故事越来越没有吸引力。如此看来,德国把职业教育视为经济活动而非教育行为的双元制教育模式,本身也存在着系统性风险。

义利融合,把更多的人生意义融入教育过程,将"职业教育"升级为"事业教育",学生不再用简单的经济算法衡量学校的价值,学校也不再简单地把盈利作为运营的目标。说得直白些,办学校当然能挣钱,甚至不会挣太少,但如果想发大财,甚至成为一方富豪,新质生产力的蓝图里有太多商业机会,大可不必办学校!如果既想成为富豪,还有教育情怀,教育生态里也有无数路径,比如开发科技产品,也大可不必办学校!

某教培公司,聚焦考试培训业务,市值曾经超过2000亿元,一时风光无两,巧妙的退费方案支撑起天价学费,创始人把资金投向房地产市场博取更大的收益，本质就是披着教育外衣的金融公司，结果带来巨额亏损。这样的教育机构，赔钱还算小事，对教育产生的负面社会影响，用再多的钱也填不上啊！政府鼓励并支持建设非营利教育机构，但市场很容易出现"劣币驱逐良币"的问题，政府权衡者的角色确实很重要！

  义利矛盾办不好"职业教育"，义利融合要办好"事业教育"。这当然很难，甚至相当理想主义。以事业教育为理念经营学校，短时间内很难成为主流，理想的教育就是让教育孕育理想，新的时代需要新的希望，人间正道，行则将至。

## 第二节
## 基于"四业教育"的"事业教育"

### 基因改良,学校不培养人才

教育≈学校!

只要谈论教育,学校就是基本盘,翻开任何典型的教育学著作或教材,从目录结构都能感受到这种风格,除了学校还是学校。校园之外的风风雨雨似乎都与教育无关,只需要简单提及,甚至可以完全忽略。而与社会脱节恰恰就是当代教育的弊病,职业教育原本应该做得更好一些,实际情况却更让人担忧!

有人做过统计,世界上最长寿的社会组织,除了宗教团体外主要就是学校。历经战火洗礼与政府更迭,很多基础扎实的学校依然屹立不倒,意大利博洛尼亚大学如今已经接近千岁。但近现代文明的核心塑造者,既不是宗教团体,也不是学校,而是政府和企业。尤其是企业,这种出现不过几百年的新物种,推动着人类文明快速迭代,既可以说企业适应了现代社会,也可以说现代社会孕育了企业,更可以说企业塑造了现代社会,二者相互生成与塑造。企业的特点很清晰,目标简单稳定,组织灵活多变,兼容性和适应性让企业组织具有强大的生命力和影响力。

那未来的学校组织呢？核心特点是什么？与社会的关系会如何？很多人都在思考这些问题，著名教育家朱永新教授在《未来学校》一书中给出了前瞻设想，提出未来学校的实质就是"学习中心"，是一种极具包容性的教育载体。现实中也有很多创新学校，融合东西方教育理念，努力探索差异化的发展策略。

没有说哪所学校的理念不好，关键看落实情况，主流学校的模式并不那么容易被撼动。就像生物演化的过程，未来的新质学校并不是在白纸上全新设计出来的，而是在科技、政府、产业、生态玩家等力量的共同影响下，部分传统学校出现基因突变，呼应了社会需求存活下来，继而成为新质学校。那么问题来了，怎样的形态才算是"新质学校"呢？

**融合多方力量，兼顾多项需求**，是新质学校的内在属性。运用六力模型，新质学校必然能同时体现所有力量的存在，所有力量既是资源方，也是监督方。科技不仅是数字化设备，更要展现人的科学素养。政府的支持和监管也是必然，满足政府对于教育的价值观和文化期望也是不能回避的责任。更多新的基因来自企业或产业，学校的教育角色与企业的社会角色形成价值互补。学校拥有丰富的生态服务伙伴资源，保持与社会发展的同频共振。最终，新质学校还要贴合新时代每个人差异化的成长需求。混合了这么多条件，这样的学校可能存在吗？当然有可能！

新质学校首先要跳出"名校"的迷思，当前的名校未必拥有新质的潜力。无数案例都在证明一个现象，不是好学校培养出了好学生，而是优秀学生支撑着所谓名校的品牌。职业学校也很容易掉入以偏概全的误区，拿极少数案例来证明学校的实力，而其他绝大部分学生就成了默默无闻的垫脚石。

借鉴企业的成功经验，新质学校的外在特征或许也是目标简单稳定，组织灵活多变。首先要做减法，学校名称、所有权、培养目标、学科设置、教学内容这些都不是最关键的要素，价值延续才是核心。为此，新质学校甚至要弱化"培养人才"的目标，这是学校强加给自己的外在责任，是无法承受之重。一个人最终能否成为建功立业的人才乃至经天纬地的大才，有着太多的生命境遇和机缘，学校教育的影响力通常并不是决定性因素。

2018年8月，第24届世界哲学大会在北京召开，大会的主题是"学以成人"。相比于"教以成才"，"学以成人"显然有更强大的承载力和生命力。本书把"学校的力量"安排在科技、政府、企业、生态玩家等篇章的后面，就是希望未来新质学校能打开视野，"退一步，海阔天空""地势坤，厚德载物"。

不以培养人才为目标，而以服务每个人的终身成长为己任，目标简单稳定，组织灵活多变，具有兼容性与适应性，"厚载"或许才是未来新质学校最与时俱进的价值定位，是生命力与影响力之源。

## 从"职业教育"到"事业教育"

首先归纳两个观点：第一，义利矛盾办不好"职业教育"，义利融合才能办好"事业教育"，其中蕴含着巨大变革的机遇；

第二，新质学校不以培养人才为目标，而是以服务每个人的终身成长为己任。这两方面综合起来，就是从"职业教育"到"事业教育"的转变。

职业教育的服务对象是产业，以市场的标准塑造学生；而事业教育意味着服务个人，以个人期望为基础助力其成长，社会和产业的标准只是参考方案。在事业教育逻辑下，学校似乎从甲方变成了乙方，失去了社会地位和掌控力，但情况显然不是这么简单。

以目前的招考机制，无论中等还是高等职业学校，绝大部分都是先让学生在懵懵懂懂中选择专业，然后再到校就读。拼命学习好几年，却对自己要去哪里完全没谱，不就是典型的闭门造车吗？无论男女，谁都怕入错行，巨大的信息差和竞争带来的恐慌，催生出了报考咨询这个细分行业，1对1服务的价格动辄数万元。著名网红老师张雪峰，影响力更是溢出教育圈，犀利的观点时常引发媒体的热议。有这样的咨询服务当然很好，而让学生们依靠快餐式的咨询决定命运的方向，恰好说明了学校教育的价值断层。

中国高校自2005年左右开始探索"书院制"，目前已经有数百家学校建立了书院体系，其中也包括部分职业院校。虽然名称相同，但定位各有差异，有些只重视生活社区的管理，而有些则建立起了系统的教学体系，与传统的学院模式联合为学生提供学习支持。部分学校的书院已经承载起"专业选择缓冲区"的功能，新生只进书院，学习过程中根据能力兴趣再选择对应的学院。近几年，有些高校已经部分放开转换专业的限制，理论上甚至可以完全自由跳转，学校通过学分等机制把控最终认证权，严守毕业标准，放松学习过程。

这样的演化趋势，本质就是指向"事业教育"。**事业教育更接近我们对个性化教育的想象，比因材施教更呼应学习者的主体意愿，实施难度自然也更高。**事业的主语必然是活生生的人，但每个人的事业都很难用一两句话描述清晰，尤其是青少年阶段，很多人都搞不清楚自己未来想做什么，没有充分的社会阅历和人生感悟，就算能说清晰往往也是假象。"不确定性"是当今时代的关键特征，就算有少数学习者对自己的未来事业有认真思考和精心准备，甚至敢于立志发愿，社会也不会刻意取悦谁，变化随时都在发生，事业教育自然也要适应这种不确定性。

**事业教育的首要维度就是价值观，这是应对社会不确定性的基石。**评估专业能力，可以只看客观表现而不掺杂善恶判断，但事业概念完全不同，虽然以个人主观为重心，但只有嵌入社会网络中才能进行有效描述。基于事业进行学习，价值观就是绕不过去的问题，服务社会、创造价值是必然前提。北京大学钱理群教授曾经感慨的"精致利己主义者难题"，在事业教育模式下或许可以得到一定程度的缓解。

**事业教育必然包含多重场景和角色。**传统职业教育重视评估学生的知识技能，分数和排名代表硬实力。确实有高分学生在实践中具有良好的表现，但还有更多学生被这样的评估机制所误导，应试导向在职业教育中依然存在。事业教育会倒逼测评机制越来越贴近社会现实，即使采用客观题的形式，也会让师生们意识到，知识技能只有在具体场景和角色下才能创造价值。卷面英雄们确实要醒醒了！

事业教育天然就蕴含产教融合的属性，降低门槛，创造价值。事业教育尊重学生的主观能动性，市场就在那里，产业就在那里，企业就在那里，产品就在那里，企业和学校不再是教育的甲方，让学习者成为学习的主角，以事业为导向可以做的事情不计其数，更容易激发出贴合社会的创新与创造。

事业教育本身就是终身教育的一种展现。打破毕业的边界，跳出时间的局限，面向学习者的事业需求构建长期教育服务，是传统职业学校向新质职业学校升级的最鲜明的标志。这层转变的难点，不是资金和学校建设，也不是数字化系统，而是学校管理者的意识、意愿和行动力，其自身的事业想象才是真正的目标。任期无疑是一个关键要素，很多著名教育家都与学校有着"事业级"的长期绑定关系，比如查尔斯·艾略特（Charles Eliot）连续40年担当校长，让哈佛大学脱胎换骨成为世界一流名校。事业即教育，教育即事业，学校领导者只有将学生的事业、教师的事业和自己的事业融合起来，才能孕育出一所合格的新质学校。

事业教育与职业教育，虽然只有一字之差，但在中文语汇的云海中却能连接出截然不同的概念网络。字词差异只是表面，事业教育所孕育的想象空间要比职业教育大很多，教育面向未来，期待春暖花开。

## 从"事业教育"到"四业教育"

事业教育就是未来职业教育的全部吗？当然不是！

19世纪初，空想社会主义者罗伯特·欧文（Robert Owen）认为工作不是越久越好，他提出8小时的标准并在自家企业进行实验。直到一百年后，这种理念才被国际劳工组织接纳，并演化为当前的"5天×8小时"工作制惯例。欧洲某些国家不仅有较多的法定带薪假期，更有部分企业开始尝试每周四天的工作制度。新质生产力不断提升产业效能，缩短工作时长就是一个潜藏的趋势，只是还没有形成鲜明的社会共识，某些企业依然非常强调加班文化。

但无论怎样，仅仅围绕工作构建职业教育显然太过狭隘，即使升级为"事业教育"，依然无法支撑即将到来的百岁人生！如果生命中只有事业，岂不是太无趣？未来的新质学校，重心虽然是承载事业教育，但不会局限于此。笔者在《超级AI与未来教育》一书中以"教育的价值方向"为依据扩展学校教育的责任，提出"四业教育"模型——学业、基业、趣业、事业（见图6-1）。该模型的内核与1996年联合国教科文组织在《教育——财富蕴藏其中》报告里提出的"四大支柱"相呼应，那是当时的教育家对21世纪教育的期望与共识，包括"学会求知、学会做事、学会共同生活、学会做人"。不同之处在于，"学会"倾向于教育者对学习者提出的目标，而"四业"更贴合学习者自身的内在需求。

其实还有很多表达人生价值维度的模型，比如图6-1（b）中的"热爱、能力、财富、需求"四维度模型，也能用来描述教育的意义。模型不是本质，表达各有侧重，时代已经给出太多暗示，传统学校教育的定位和运营机制确实需要升级了！

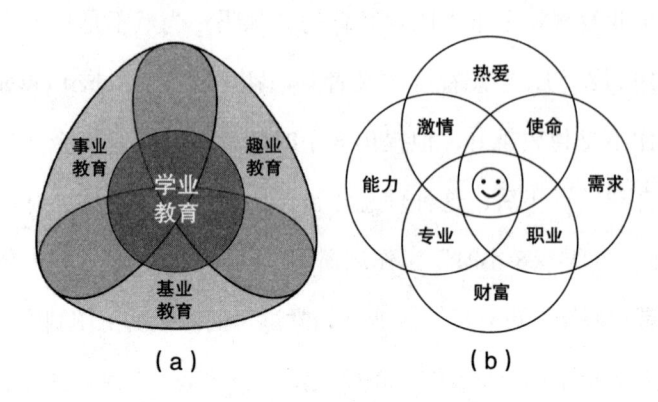

(a) 事业教育／学业教育／趣业教育／基业教育

(b) 热爱／激情／使命／能力／需求／专业／职业／财富

图6-1 两种人生价值维度模型

在当前社会背景下，职业学校想要在录取分数、就业层次、科研成果等方面与知名大学硬拼，显然没有优势！怎么办？或许可以效仿田忌赛马的策略，差异化定位，不仅从职业教育升级到事业教育，更进一步丰富新质学校的内涵，兼顾"四业教育"的各个方面。职业教育是事业教育的子集，而事业教育又是"四业教育"的子集，真正的新质职业学校，并不是以事业教育为基础拓展"四业教育"的边界，而是以"四业教育"为基础提升事业教育的品质。

智能科技的爆发，直接威胁着很多人的职业安全感。政府想方设法创造更多就业机会，甚至直接发钱，目的是维系社会的稳定。很显然，真正的稳定并不是外界的物质条件，而是每个人的内心。未来的新质学校，通过提供完整的"四业教育"，帮助更多人建立内心充盈的人生。四种业力承载着不同的人生价值，共存于每个人生阶段，交织出不同的生命色彩。

## 第三节
## 新质·职业学校：连接主义下的结构洞

### 两种学校模式的对比

新质学校不以培养人才为目标，而以服务每个人的终身成长为己任，我们可以切换为另一种表达，**学校不定义什么是成功，教育才更有可能成功**。人才的成长乃至成功的过程极为复杂，"一命二运三风水，四积功德五读书"，学校不仅没有完整的人才定义权，甚至在传统认知中的地位也很尴尬。

当代学校，无论是否有名，其实都很强势高冷，进来时层层选拔门槛很高，毕业后一纸文凭撒手不管。学校通过分数这种量化指标给学生划分三六九等，升学只是教育体系内的游戏，规则简单而无趣。但经历连续十几年的洗礼，绝大部分人都接受了这种机制，学科成绩就像信用货币，考试分数就代表着实力！但社会很现实，学业成绩的信用价值在离开学校之后会快速衰减。试想下，企业为何不用考试成绩分配岗位并决定薪酬呢？因为不靠谱嘛！

学校助力学生成功最简单的方法，不是提升教学效果，而是让学校更有名气，我们把这种倾向归纳为"名誉型学校"。学校会努力获得有助于提升名气的标签，除了政府认定的"985""211""双一流""双高"等称号，还可以通过引入院士级专家、与知名机构开展项目等方式提升美誉度。当然，像山东蓝翔技师学院、新东方烹饪学校等通过媒体广告和明星代言等方式成为名校，则是市场化带来的红利。有些正规学校通过特殊方式提升榜单排名，某些操作就已经踏进了灰色地带。而那些以骗钱为目标的"野鸡学校"，取一个让人听起来很有面子的校名就够了，比如中国邮电大学、华北科技大学等，印发一张毕业证的成本只有2块钱。

无论游戏怎么玩，无论维度有多少，能够被大众记住的名校还是凤毛麟角，这是排名模式的天然属性，和学生的考试排名一样属于内卷式竞争。为了争取排名，或者从"学院"升格为"大学"，常常需要几届校领导前赴后继的努力，这种压力当然也会传递给教师和学生。职业学校与普通学校表面上是不同的培养方向，从社会视角看更接近阶层划分，职校毕业生很少公开谈论自己的学校，因为难以带来荣誉感，不像某些名校毕业生，工作几十年后还时不时把学校挂在嘴边，或许那就是他们的人生巅峰吧。

在"名誉型"赛道上，绝大部分学校都很难获得存在感，这是客观事实。将职业教育升级到事业教育，自然会涌现出新的"服务型学校"。这并不是说新质学校不追求名誉，而是不作为所有学校共同的追求。服务型的新质学校更像是社会稳定器，让人们不仅能应用新科技改善生活，更能在心理上适应快速变化的时代，并获得可持续的事业成长。这就像所有人都进行体育锻炼，但只有极少数人的目标是参加比赛赢得奖牌,而大多数人运动锻炼的目标是健康和愉悦,服务型学校更接近于后者。

事业教育是一种理念,服务型学校则是一个个实体,最核心的难题就是能否实现可持续运营。如果学校自身很脆弱,又如何向学习者提供长期服务呢?很多人还会问得更加直接,学校的建设与运营成本怎么算,向谁收钱、收多少钱才能实现财务平衡?这又回到"义利关系"的老问题。

义利矛盾办不好"职业教育",义利融合才能办好"事业教育",新质服务型学校虽然脱胎于现有的职业学校,但显然不能完全沿着传统办学路径前行,政校关系、招生路径、教学管理、成本收益等都需要在实践中探索出新的模式。

## 新质学校的价值定位——结构洞

第一章第一节的标题"新质生产力:连接主义下的结构洞",与本节的标题"新质·职业学校:连接主义下的结构洞",采用相同的表达模式,自然蕴含着相似的故事。

新质生产力,基于语素获得强大的外部概念连接力,加强不同产业之间的关联,尤其是让人工智能、量子计算、纳米技术、生命科技等前沿通用技术连接起来为其他产业赋能。那么新质职业学校,或者说服务型事业学校,核心要连接的是什么呢?答案很简单,是真实的人,是终身学习者,甚至是所有成年人。

很多人都认为,互联网通信已经让人们的连接变得无比强大，不仅好友数量远超 150 人这个邓巴数字，而且交流互动的频率也非常高，聊天、评论、点赞，完全停不下来。但与此同时，越来越多的人却感到无尽的孤独，亲密关系变得紧张或冷漠，吃饭不说话而是各自刷手机，某些地区的离婚率甚至超过 60%。年轻人找不到适合的工作，更难以在工作中获得成长感和愉悦感，不得不说的还有网约车司机、外卖骑手等基于平台经济的灵活劳动者，虽然行万里路阅人无数，却难以承载人生的意义，都是萍水相逢，尽是他乡之客。

生命旅途非常漫长，新质学校就像一个充电站，每个人都可以时不时到这里来充电。不是简单学习知识和技能，这些在数字时代很容易实现，而是让教育者与学习者在特定场景下聚合，确认彼此的生命仍然健康地成长。或许，每周都回到新质学校里学习交流，会成为未来很多人的一种生活方式。

传统学校最基础的两项成本是校园硬软件与教职工队伍，尤其是后者。教师队伍越庞大，需要匹配的行政和后勤组织也就越复杂，教师和行政系统间的矛盾很容易成为学校的顽疾。曾经为了稳定教育品质而搭建的事业编制体系，如今已经积重难返，成为政府财政沉重的负担。新质职业学校基于事业教育理念提供服务，并不需要大规模地扩充教师队伍，核心方式就是改变教育者的身份属性，让"志愿者"成为教师的主要来源，这本身就是"义利融合"的体现。

很多人内心都有当老师的梦想，因为输出知识和影响力是人们获得成就感的重要途径，但这样的机会并不容易获得。新质职业学校通过名誉、劳务补贴、教育年金等方式，鼓励有能力、有意愿、有经验的社会人士以志愿者身份进入学校，将自己的认知浓缩为讲座、课程、咨询，甚至游戏等项目，让新质学校的教育呈现更精彩、更繁荣。

学校即平台，让教育者与学习者发生连接，涌现出五彩斑斓的师生关系、朋友关系、伙伴关系。当前高校开设的数百家现代产业学院，核心策略就是让学生直接跟着产业从业者学习，而"双师型教师"制度的演化方向，不是让少数专职教师拥有行业经验，而是让更多行业从业者具有教师能力。新质学校不仅与企业建立合作，更要直接与社会中的个人建立合作，因为最终的教育者只能是人。假以时日，以志愿者身份到学校从事教育项目将是很多人的常规事务，企业等用人单位不仅不会阻止，甚至还会鼓励这样的行为。

再深一层，教师和学生在传统学校里都是固定角色，而在新质学校里，每一位教育者也都是学校的服务对象，教育者与学习者是随时转变甚至共存的关系状态，而不再是固定的社会身份。新质学校聚合新型教育者，充分把握科技的规律、政府的诉求、产业的趋势、学习者的需求，融会承载不同的力量，服务学生的同时，也保持自己的开放，实现自身的同步成长。

想象一个成年人，先在自己的课程上培训学习者操作实验设备，结束后前往另一个课堂学习如何照顾婴儿，然后参加科幻阅读兴趣小组的研讨会。所有这些都是正式的教育项目，可以在线完成基础内容，与真人的面对面交流才是高感性体验的成长过程。新质学校不仅实现人与人之间的连接，更成为人们不同"分身"之间的结构洞，看似独立的教育项目连接起每个人不同的社会角色，相互独立但彼此共振，各自成长亦相互赋能，实现更完整的自我认知。

更进一步，学校一定要和校园绑定吗？其实也不尽然。电子商务、远程办公的兴起，让商超、办公室都可以数字化，学校其实也可以。与常规的慕课网校不同，新质学校仍然高度重视真人与真人的真实接触。未来或许会出现新型的区域化教育综合空间，基础的硬件空间由政府建设维护，产业和企业以及生态玩家提供支撑，不同学校和教育机构协同共用，就像绿地、公园、医院、餐厅、超市一样，嵌入城市和乡镇的各个角落。

新质学校，不定义学习者的成功标准，而是扮演社会关系网络和自我认知空间的结构洞，充分尊重每位学习者的需求和选择，深度激发每位教育者的意愿和智慧，通过数字平台和实体空间触发连接，为每个人的终身成长提供陪伴式服务。如此完美的想象，未来有可能实现吗？这是个好问题。

## 六力博弈，厚德载物

想象过于完美，当然不可能完全实现！与很多教育情怀的表达很相似，这个设想中存在两个巨大的漏洞。其中之一可以称为"每陷阱"，但凡使用"每个人""每次"这样的绝对标准，逻辑上就会变得非常脆弱，失去了兼容弹性，任何干扰都可能导致失败。另一个漏洞更严重，教育从来都不是单一决策，学习者的需求和选择在教育生态中通常处于非常弱势的地位，凭什么要被如此尊重和服务呢？

学校是一个特殊的参与者，是承载所有力量存在与竞合的道场。学校的目的就是让教育现象更多地发生，甚至可以说这就是唯一目的。至于什么样的教育是良善的、高效的、优质的，并没有公理和答案，而取决于其他力量的定义和较量，科技、政府、产业和企业、生态玩家、学习者，各方都有发言权和影响力。高水平的学校，通过机制设计让不同力量之间更容易建立共识；而低水平的学校，要么偏执于某种力量，要么让不同力量陷入内耗，其中当然包括让学生们陷入无意义的内卷。

政府是上级主导力量还是竞合博弈的平行参与者，这是学校管理者们最头疼的难题之一。政府本就是社会大博弈的统筹者，虽然各国的施政策略千差万别，但终究都会受到社会发展的制衡。科技和产业的内在规律，某种意义上都超出了常规政府的控制范畴。高水平的政府完全可以基于制度设计，在学校层面通过资源调配与其他力量进行博弈，充分表达政府的意图，共同维系社会的稳定。就像韩国政府计划通过扩招解决医疗难题的案例，希望在国家层面毕其功于一役，反而遇到极大的阻力。如果能在学校层面展开多方博弈，化整为零，小步迭代，或许会更容易推进和落实。

学校是社会关系网络的结构洞，是六力竞合的博弈场，但这一切并不会自然调和，关键在于学校的核心管理层。新质学校需要怎样的校长,如何培养这样的校长,如何搭建学校领导班子,都是一个个新课题!新质生产力时代,如何让每一位校长都能肩负起时代的责任,显然超出常规培训与进修的范畴。新质学校的核心管理层,需要同时兼备高水平的政治素养、教育素养、管理素养、学术素养、市场素养以及数字素养等。从优秀教师到学校管理者的传统晋升模式,很可能并不是最佳路径,统筹过复杂业务的企业管理者或政府官员,如果具有强烈的教育情怀,经过定向实践与培养,或许会成为未来新质学校最具效能的掌舵人。

社会复杂而多变,更有人用"乌卡时代"[VUCA,Volatility(易变)、Uncertainty(不确定)、Complexity(复杂)、Ambiguity(模糊)]来形容,虽然有六种力量的共同博弈,但学校仍然是最稳定的局部。从产业向学校输送教育人才和管理人才,更容易为学习者提供切合真实社会的教育服务。新质生产力倒逼职业学校的自我革新,调整职业学校的人才机制是相对简单易行的路径。为追求工作稳定而想成为教师的青年们,只有放下幻想,到复杂的社会中积累充分的产业经验和人生阅历,才有资格回到校园里帮助下一代人成长。

本书讨论未来的新质学校,使用了很多新表达,无论是"义利之辨",还是"四业教育"与"事业教育",社会"结构洞"的比喻,以及"六力博弈"平台,都是从不同视角去描绘新质学校的可能性,目的只是希望跳出"职业技术与培训"的概念约束,才能面对未来的挑战。新质职业学校到底有什么新的特征?没有答案,唯有实践。

"文明，就是教育和灾难之间的竞赛"，这是英国科幻小说家赫伯特·威尔士（Herbert Wells）的未来预言。新质生产力，新质学校，"新"是必然的，"质"才是连接彼此的关键词。未来的新质学校，要承载怎样的教育变革，要承担怎样的时代使命，又要承续怎样的人类文明？没有答案，唯有实践！

# 第七章

# 分合——学习者的力量

科技　政府

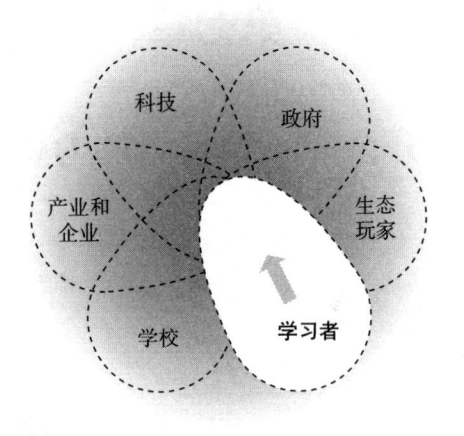

产业和
企业　　生态
玩家

学校　学习者

# 第一节
# 天生弱者 vs. 终生强者

## 格式化成功，社会化失败

想象一个场景，在一个应届毕业生招聘会现场，一位年轻人和一位中年人结伴而行，他们会是怎样的关系？大概率不是师生，而是孩子和家长。还有更夸张的故事，三个紧张的中年人围着一个青涩的年轻人，有帮忙拿简历的，有拎包的，还有一位直接向面试官讲述自己孩子有多么优秀，他没有夸大其词，孩子确实很优秀，成绩、证书和奖项，样样都拿得出手。

其实还有隐藏版本，家长没有出现在现场，而是在背后默默地操心忙碌、盯网站、找机会、改简历、写邮件、查资料、审合同、四处联系亲朋好友、托关系加强人情往来，这些只为一个目标——帮孩子找到工作。有些大学毕业生顶着考公、考研、留学的目标，继续由父母支撑生活费，内心其实是难以割舍"学生"这个熟悉的角色。

如果你是学生，会怎么看待为自己忙前忙后的家长？如果你是家长，会怎么看待佯装备考、实则啃老的孩子？如果你是面试官，会怎么看待那些有家长陪伴的应聘者？如果你是某企业的人力资源经理,而自己的孩子恰好正在找工作,你会怎样帮助孩子,打算帮到什么程度?答案和行动或许并不简单。所有这些场景故事,完全不需要指名道姓,我们知道这些都是现实,而且相当普遍。

社会化(Socialization)是指人们通过学习逐渐适应并融入社会的过程。理想情况下,成为法律认可的"成年人"就意味着基本完成了社会化准备,生理成熟、心理成熟、婚姻界定、职前教育、招聘标准最好都与之同步。但现实怎么可能这么整整齐齐,不仅不同维度的社会化存在巨大时间差,还有更严重的质量问题。青年学生通过学校考试获得毕业证,算是"格式化成功",离开校园却无法适应社会环境,算是"社会化失败"。社会化失败最常见的问题,就集中在"就业"和"婚育"两个方面,给无数家庭和个人带来困扰和折磨,前后延续长达数十年,几乎贯穿人生最黄金的岁月。

就业,对应着社会角色与经济的独立,开始创造社会价值。但就业显然不是靠个人努力就能解决的,还要看社会环境,用人单位显然更有发言权。按照考试,大部分学生都能达标毕业,但这不等于就能顺利就业,学的东西在工作中用不上,工作中要用的却没学会,"学以致用"的教育理念说来容易,要做到相当困难!

婚育,对应着生活独立和生育责任,开始承载着家族传承和人类繁衍。婚姻显然不是领证那么简单,涉及维度很多,是典型的人生大事,但政府和家庭很容易低估其难度,以至于很多地方都出现了婚姻和人口危机，其中东亚和欧洲是重灾区。中国的情况已经很不乐观，东北三省的人口负增长难以扭转，上海2024年平均婚生子女数更是跌至0.6的水平，人口专家们心急火燎，奔走相告，怎么办？用经济刺激方案把"生育"难题简化为"生意"问题，相当于政府花钱买孩子，短期内数据会好一点，长期看收效非常有限。还能怎么办？

人类的基因只提供完成生育传承的基本要素，并没有告诉人们如何中间管理，只有教育才能解决这类重大危机。简单思考就能明白，如何建设幸福的家庭，如何做好亲子教育，如此复杂的课题，不经过长期学习、模拟和实践，指望青年人靠直觉和碎片的知识就能搞定，显然不靠谱！

婚育问题显然比就业更重要，世界上没有了人，科技、政府、产业、学校，所有的故事都将烟消云散。在传统教育模式下，婚姻和生育属于"家庭教育"课题，大部分学校不仅不教，甚至还刻意排斥。婚育当然可以被纳入事业教育的范畴，未来新质学校会非常重视这项比职业技能培训更困难、更长期、更有意义的伟大事业！

从格式化成功到社会化失败，虽然只涉及部分人，但肯定不是我们期望的结果，如今出问题的比例越来越高，那谁要为此负责呢？如果只看社交媒体上的声音，很多人认为这是当代教育的问题，但我们很清楚，一个巴掌拍不响，学生肯定也有不可推卸的责任——最大的责任人或许就是"学生"自身！

## 没有"学生",只有"学习者"

从格式化成功到社会化失败,最大的责任人是学生,这里并不是指具体的人,而首先是"学生"这个概念。

"学"和"生"两个字都有非常积极的含义。教育专家们呼吁"尊重学生,教育要以学生为中心",但落实起来其实非常困难,角色关系决定运作机制,"学生服从老师"就是天经地义的事,教师的主观判断就是硬标准。翻转课堂虽然给学生提供了输出表达的机会,但那只是一种演练,即使向学生提问,学生内心也是考试心态,老师并不在意自己从学生的回答里收获什么。老师认为自己对学生好,而学生却感受到来自老师的压力,甚至是恶意,这种情况实在太普遍了!

对于生理和心理上都已经成年的人,如果身在名校,就算是学生也意味着将来有希望,大概率能够获得充分的社会尊重。但如果是普通的职校学生,学校本就备受歧视,学生的身份更是雪上加霜,将来面对就业和婚姻,还会有一连串压力。试想下,一个成年人,所在的组织和自身的身份都难以获得社会尊重,将是何等的难受?想象未来人生,将是何等的悲凉?当然有积极进取的学生,努力通过专升本、考研或留学实现社会地位的跃迁,但比例非常有限。曾经在广州金融学院任教的黄灯老师出版了《我的二本学生》一书,引发教育界热议,二本学生的家庭关系、精神状态、学习方式以及人生追求,存在各种各样的问题和障碍,但多少还能看到希望和努力,我们不能忘记还有更多三本、大专、中专的学生,那是更会被忽视的群体。

社会序列很难改变,有没有什么方式能够大规模提升后进学生的人生能量呢?当然有,就是不再用"学生"这个称呼,这是跳出认知枷锁最便捷的方式!而替代方案也很简单,就是换成"学习者"。学生对应 Student,学习者对应 Learner,在联合国教科文组织的教育报告中,二者经常混用,中文翻译也时常交叉。整体而言,我们在中文语境里绝大部分时候都是使用"学生",而极少使用"学习者"。

"名可名,非常名",人类历史上有很多社会变革,都是从社会身份表达的变化开始。两个概念的差异并不来自字词本身,而是不同表达所代表的社会文化。传统惯性非常大,要想改变,何其难也!目前已经有少量创新学校,尝试在学校的官方表达中系统地使用"学习者"这个更加中性的称呼。

学生,是由外而内形成的概念,原本只是教师对学习者的称呼,继而演变为很多人的静态社会身份,是天生的弱者,是很多人的保护色,也是更多人的生命枷锁。只要是学生,无论在哪里、无论做什么都属于这个身份,无论在哪个老师,甚至任何成年人面前都意味着被教育。这个身份无法自己跳出去,不想学习,甚至厌恶学习的人,会被老师和其他人称为"坏学生"。与此同时,学生身份也有很多好处,可以在内心保持稚嫩的状态,可以要求被社会照顾或宽容,可以不用承担社会责任。有些人连续多年高考复读,并不是喜欢学习或者追求更高的目标,而是不愿意卸下"学生"这个舒适的身份。而很多毕业离校的人,认为没有了学生身份就不再需要学习，倚仗着年龄大、职位高、财富多，就敢于对自己完全不懂的领域发号施令，就像绝大部分家长都默认自己有充分的知识和资格指导孩子的学习。回到校园场景，很多教师自己并不热爱学习，无聊的课程消耗着彼此的生命，只是因为在教师眼里，学生是弱势的存在。

学习者，是由内而外形成的概念，核心在于对自我状态的认知，是终身的强者，是谦虚的超能力，更是很多人的生命钥匙。学习者不是静态的身份描述，而是即时状态，只有真正学习的时候才会自我认定为学习者，欺骗不了自己内心的良知。正所谓"活到老，学到老"，无论年龄如何，每个人都可以成为学习者，这是可以终身使用的角色状态，没有门槛，没有审批，更没有歧视。讲台上的教师和座位上的学生，都可以自称为学习者，师生之间从对立关系转为同盟关系。

在传统教育模式里，层层选拔考试让绝大部分学生都成为失败者，但无论人生境遇如何，"学习者"永远不会失败。面对难题或者挑战，只要认定自己是学习者，就不会轻易言弃，不同人之间只是效率各异而已。我们常说兴趣是最好的教育，却很少有人能解释清楚兴趣到底是什么，以及怎样成为有好奇心的人。兴趣和好奇心，都是非常模糊的心理学表达，我们可以尝试反向描述，如果一个人能轻松进入学习者状态，那就是兴趣和好奇心的自然涌现。要想进入学习者状态，除了外界的吸引力，更多还要依靠自己，这是可以后天培养的"超能力"。虽然人人都可以成为学习者，但我们依然可以寻找榜样为自己赋能，历史上的苏轼就是典型的超级学习者，仕途不顺多次被贬谪，苏轼却能随时开启积极乐观的学习者模式，体察民情、研究农耕、玩味历史、赞叹美食，"问汝平生功业，黄州惠州儋州"！

从"学生"到"学习者"，从"天生弱者"到"终身强者"，并不是文字游戏，对应着心理学中的"认知重评理论"，人们可以通过重新定义自己获得情绪和心态上的转换。对于职业教育和高等教育阶段，已经成年的学习者需要完成认知重评，不再是柔弱的"学生"，而是一名强大的"终身学习者"，学校有责任协助学习者完成转变，而这也是每一位学习者自身的修炼。随时让自己进入学习者宇宙，是一种不难却很稀缺的能力，可学而至，终身受用！

## 责任：有限是学校，连带是家庭，无限是自己

每个人当然都能认定自己是"学习者"，但真实的学习过程常常无法脱离学校和家庭的影响，环境不同，学习效能就会有天壤之别。《孙子兵法》中提到"以正合，以奇胜"，有些人用这个模型解释学校和家庭的关系，学校教育打好基础，家庭教育谋求个性化优势，把家长搞得比学生更拼。生态玩家趁机贩卖焦虑，功利的学校，鸡血的家庭，浮华的表象，浮躁的内心，为追求高光的荣耀，却掉进黑暗的深渊，甚至有孩子不惜用自杀逃离这个牢笼。

2022年，国家颁布并实施《中华人民共和国家庭教育促进法》，明确表示政府、学校、社会组织、家长都有责任推进家庭

教育，但需要注意的是，法规中家庭教育的对象只是"未成年人"。但现实中，当孩子成年进入职校高校乃至开始工作，家庭教育不仅仍然存在，内容范围和影响力甚至更大。家长有意愿传授自己的人生经验，但子女却很难听进去，时不时爆发争吵，如此情况困扰着无数家庭。

关键不在于内容观点孰是孰非，想要在家庭里构建出有效的"教育者-学习者"关系，本身就比较困难。事实上，当孩子逐渐长大，大部分家长都应该适时地战略性放弃"老师"这个角色，原原本本做好父母不行吗？道理说起来很轻松，但父母的爱很难放松。学校教育忽视了许多人生关键课题，家长们就算不擅长，也不得不背负起这些"生命中不能放弃之重"啊！

学校采取有限责任模式，对于空间和时间的边界很清晰，但学生毕业后就和学校没什么关系了，甚至出了校门发生意外也跟学校无关。家庭的责任边界很宽泛，亲缘关系不会变，就算子女结婚成立新的家庭，两代人、三代人依然是"命运联合体"。成年人有成就，全家人都会受益；成年人闯了祸，年迈的父母也会跟着遭殃，"我爸是李刚"已经成为一个经典的文化语码。当然，个体终究是社会关系的最小单元，每个人都要对自己的人生负有全部且无限的责任，角色、名誉、权力、健康、情绪、财产、债务、刑罚，最终都是一个人的故事。

教育的课题随着年龄和人生际遇不断变化，学校确实只适合覆盖很小一部分。孩子成年后，家庭教育的重心会从学业逐渐转向就业、职业、婚姻、生育、健康、养老等方向，策略和方法当然也要改变。有些父母表示只负责把孩子送进大学，之后就和自己无关，这种独立自主的家教理念常被媒体盛赞，其实非常狭隘偏颇。"自主"可以逐渐多一点，但"独立"却不见得，家庭对子女的事业发展常常起到非常关键的作用，家庭幸福与兴旺也离不开跨代的积累和传承。比尔·盖茨的商业成就举世瞩目，但很少有人提及，正是在他母亲帮助下他才搞定IBM的订单并实现人生第一桶金。

探讨家庭和职业教育的关系，"**接班**"是一个非常有趣的现象。商界流行一些所谓的"二代"社群，帮助企业家的子女积蓄能量并连接资源，以期未来能顺利接管家族的事业和财富，而在银行、铁路、能源、烟草等产业领域，二代、三代现象也很普遍。有位8岁孩子在课堂中演讲"我想当XX银行行长，因为我爷爷和我爸爸是行长，妈妈是副行长，所以我想继承我们的家产"，这一视频引发民众的强烈愤慨。曾几何时，普通职工的孩子也很容易接父母的班，"大院文化"勾勒出很多人丰富的童年回忆。

很多人认为接班就意味着就业不公平或者存在权力交易，但我们必须承认，子承父业是自古以来就普遍存在的社会现象。帝王世袭皇位，贵族传承爵位，古代政府还推出过军户、农户、医户、匠户等政策，将家庭与职业紧密绑定。印度的种姓制度更强势，将血统、婚姻、居所等维度与职业关联起来，形成难以逾越的阶层隔离。我们显然不能简单地评判接班现象的是非善恶，而是可以客观且深入地思考"**家庭教育如何影响子女职业**"这样一个更普适的课题。

即使是非常普通的家庭，家长与亲戚们的生活和工作经验本身都有强烈的教育价值，更别说那些社会成就较高的家庭，父母的职业经验和产业资源更是远超学校里的老师。但孩子通常都会对这些视而不见，父母在单位里可以一言九鼎，但面对孩子却干着急，用力过猛还会酿出冲突，是影视剧最喜欢的桥段，真实而残酷。家长推动家庭教育，辅导孩子写作业显然是最低阶的模式，那些能够适配成年阶段的生活认知、事业经验和社会资源，才最应该被重视起来。当然，能够引导子女理解并进入学习者状态，也是父母的基本功，这确实需要积累与磨合，否则再好的资源也很难转化。亲子同频共振，成长自然发生，这是家庭教育最幸福的状态，是学校教育永远无法触及的领域。

高质量的家庭教育有多重要，不仅关乎家庭与家族的兴衰，甚至关系到人类文明的传承。著名人类学家里斯滕·霍克斯（Kristen Hawkes）曾经提出"祖母假说"，认为多代协同培养后代是人类成为地球优势物种并发展出文明的关键原因之一。当今时代，城市化、小家庭、高竞争成为社会主流模式，已经展现出反噬作用，越来越多的年轻人选择躺平享受，不生子女，人口危机就在眼前。

回过头来，我们说"学生"是一个弱势概念，通过切换为"学习者"改善教育关系，但这其实只能算是权宜之计。再次强调，这并不是"学生"的错，而是教育制度乃至社会文化的漏洞。再看"学生"，"学"只是路径，"生"才是目的，是生长，是生活，是生产，是生命，是生育后代，是生生不息！

## 第二节
## 新质生产力之源：超级个体

### 不拘一格"升"人才

我们通常以宏观视角谈论新质生产力，落实到细节，新质生产力显然不能无中生有，强大的力量最终源自一个个真实的、具体的人。政府文件多次强调，发展前沿科技需要"拔尖创新人才"，根据社会的一般认知，这个重任似乎只属于顶尖大学、科研院所和头部企业，跟职业教育几乎没有关系。

很多学者批评现代教育的机制，通过多学段、多学科的层层考评，只有极少数学生会被认定具备优秀人才的潜质，获得进入顶级大学深造的资源和机会。虽然花费了高昂的成本，但碌碌无为的高才生们仍然不计其数。职业学校在招录机制上很难有机会触碰到这类高分学霸，顶尖学术活动或竞赛通常也不会向职业院校开放。

数字时代发达的资源网络，让学习者的成长更具弹性，两百年前"不拘一格降人才"的想象，如今已经有了现实意义！龚自珍的诗句让人振奋，但也带来认知误导，"我劝天公重抖擞"，我是谁？天公又是谁？人才是由天而降的吗？是抖出来的吗？我们当然不否认"天赋"的存在，而能否成为社会人才乃至拔尖人才，天赋只是变量之一，既不充分，也非必要。当代学者们批评的教育选拔机制，本身当然没有错，人才不是"天降神兵"，而是在竞争中一步步成长起来的，问题的关键在于"不拘一格"，诗句或许可以改为"我望时代重发展，不拘一格升人才"！开放的竞赛是一种新路径，而这也只是教育生态玩家多样化探索的开始。

新质生产力时代，发展更是硬道理，产业格局不断变化，人才要不拘一格，更要"不拘万格"。就像短视频平台让很多"草根"一跃成为"网红"，比绝大部分演艺科班出身的人更有表演力和影响力。当社会提供了充足的学习资源和市场机会，学历与社会成就的关系就会逐渐解绑，那些长期保持学习者状态的人，以更积极主动的方式直接嵌入前沿领域，反而更容易给社会带来创新创造。

从职业教育到事业教育，某种意义上就是要激活学习者个体的强大内驱力。科技、政府、产业和企业、学校、生态玩家的力量都很强大，每个学习者持续提升自己的认知、能力和心态，理解、识别并运用那些强大的力量，预判社会趋势，创造社会价值。社会发展需要领导者、代言人、共鸣者、探索者、执行者等无数种不同的角色，每个人都能成为主角！所谓的"**主角**"，不是"**最主要的角色**"，而是"**积极主动的角色**"，命运的垂青不靠数学概率，运气更会遇到那些准备稍微充分一些的人，成为超级个体，机遇就在身边。

## 把自己当作公司：内省的技术

有学者评论"大学高中化"现象，认为原本大学只属于精英，扩招让很多不善于学习的人也进入了高校，如果不加强管理就很容易出乱子，学校也有迫不得已的难处。那不扩招就好吗？当然不是，扩大高等教育的覆盖范围是各方力量最容易取得的共识。高校治理的风格问题是发展中的烦恼，沿用中小学的严管模式只是临时方案，既不是唯一策略，更不是最优路径。

如何治理面向成年人的高等教育，不仅让传统的优秀大学倍感压力，对职业学校来说更是严峻的挑战。切换视角，治理难题很有可能是职业教育发展的机遇，模仿中小学显然不明智，向社会靠拢，把职业学校当作缩小版的产业生态，或许更有发展的空间。

但问题来了，产业不是顶层设计出来的，而是由众多企业聚合而成的。没有足够多的企业，产业生态就是空中楼阁！那好办啊，让学生成为公司！这并不是说要鼓励学生创业，而是**让学习者在认知上"把自己当作公司"**。岔开一句，鼓励大学生创业或许并不是高效的教育策略，也不是高质量的产业路径，那几位辍学创业并获得巨大成功的商界明星只是传奇故事，是统计学意义上的幸存者偏差。

让自己成为超级个体，把自己当作公司经营，这不是本书的原创表达，而是一种已经广泛流传的新型人生观和价值观。不少商业和教育博主都曾谈到这种观点，而他们通常也都是实践者。

把自己当作公司，本质是一种适合成年人的内省模式，是技术更是艺术。职业学校与产业和企业紧密关联，显然更容易将"公司"的特点融入学校的教学体系当中，最终转化为学习者的认知和行动。

把自己当作公司，首先要学会"对内分身之术"。公司需要多种角色分工合作才能维系，把部门岗位体系当作模板，将自己投射为多个"分身"，每个都是不同角色下的"自我"。建立如此复杂的自我认识当然不容易，迪士尼动画电影《头脑特工队》虽然主要面向儿童，却生动地演绎了"对内分身之术"的实践和意义。相比于抽象的心理学概念，使用"公司"模型更接地气，可以覆盖职业教育的大部分课题。在自己这家公司里，有战略思考者、产品设计者、生产制造者、市场开拓者、财务管理者、人事培训者、后勤保障者，当然也会有浑水摸鱼者、贪污腐败者，所有这些角色竞合博弈，展开就是自己的人生之路。草台班子是常态，别把公司搞倒闭就行！

把自己当作公司，更要深度理解"对外生存之术"。公司需要通过产品服务满足客户需求，从而实现价值循环，但显然不是单方面决策的游戏，不仅要与上下游合作，还要面对行业竞争；不仅要适应政策与法律的约束，还要在经济周期的波动中调整战略，更要在科技与文化趋势里发现机会，所有这些都是挑战。无论在真实世界里处于何种状态，都可以把自己当作公司，让自己与社会保持紧密的关联。会这样思考的人，不会甘于只做吃瓜群众和键盘侠，"天下兴亡匹夫有责"，社会的发展与每个人都息息相关。

把自己当作公司，还能收获"企业家精神"。创立公司并不等于拥有企业家精神，这就像管理学里的一则经典寓言，三个泥瓦匠都在砌墙，第一个人说自己在垒砖头，第二个人说自己在盖高楼，第三个人说自己在建设美好的生活，境界高低立判。只有把自己当作公司，才能更深刻地理解"事业教育"的意涵，更准确地把握"学业、基业、事业、趣业"的动态关系，通过持续的学习，经营自己的人生。

在心智时空里，每位教育者和学习者就是一个个企业，而学校则是他们联合形成的社会生态，从这个层面上解释"产教融合"，会不会更有趣味呢？对于知名研究型大学，成败的关键主要在于科研和学术突破，引导学生"把自己当作公司"并不非常贴切，职业学校没有这样的顾虑，反而是不可错失的机遇，更是每位学习者都可以掌握的能力，个体公司终身经营，人生之旅始于足下！

## 眼观六路，耳听八方，游刃有余，从容不迫

把自己当作公司，只是一个精妙的类比，虽然简洁，但操作起来其实并不简单。现实中的公司实在太多样，可以是一个人的个体户，也可以是雇员百万的超级商业集团，不仅行业差异巨大，经营策略更是五花八门，作为个体学习者，想要模仿难度很大。学校想要模拟产业当然也不容易，目前还没有成型的案例。

本书构建的"六力博弈模型",不仅适合个人作为参考,或许也可以作为学校建设相关项目或课程的框架蓝本。

很多师生认为,强大的自学能力是取得成就的关键,志向和兴趣是最好的老师,运用六力博弈模型重新审视,这些观点就有些单薄了。自学是什么,是一个人学习内容吗?志向和兴趣又是什么,是自己想出来的吗?显然都不是!科技、政府、产业和企业、学校、生态玩家,影响着人们的自学内容,AI技术对自学模式的改变更为深远;志向和兴趣更是无法闭门造车,所有爱好、优势、欲望和愿景都是个人与社会互动形成的认知,其中还包括迷信和妄念的成分。

把自己当作公司,眼观六路,耳听八方,如果一个青少年在校期间就能建立起更系统、更多元的社会认知,人生之路自然会更有弹性,更善于适应复杂多变的世界,这恰如著名经济学者纳西姆·塔勒布(Nassim Taleb)在《反脆弱:从不确定性中获益》中所阐释的观点。其实大部分学校具备充足的资源和能力,助力学生理解自身和动态社会的关系,前面提到的书院制就可以承载这样的实践,但运作要比常规课程困难不少,当前显然还不是刚需。换个角度,学习者其实根本不用等待,自发组织学习社群,获得的经验同样受益终身。

社会上流传着一种观点:"凡是无法控制的,就好好享受过程。"乍一听似乎很有道理,其实非常片面。很多人选择"躺平",并不是享受这种无意义的状态,而是心有不甘,力有不逮!对于学习者而言,科技、政府、产业和企业、学校以及生态玩家都是无法控制的强大力量，就只能被动接受吗？当然不是！学习者本身也是竞合博弈场上平等共存的力量之一，虽然相对松散，但是仍然有很多种方式展现自身的影响力。有些热血青年热衷于批判社会，放在那些强大的力量面前，很快就成了吊线木偶。反对不是学习者的天然责任，**成长才是学习者的战略目标，只有聚焦成长，学习者才能发挥最大的影响力。**学校是相对安全的环境，但如果安全到了"温室"的程度，忽视了对成长的演练，进入社会还要付出更大的时间和经济代价。

把自己当作公司，是一种强大的自我认知的策略，有助于激活学习者状态，但并不意味着必然成功。社会充满各种各样的波动，政治分合、经济起伏、自然环境问题频出、企业产业兴衰更迭。很多智者试图归纳其中的规律，大到文明演化周期，小到价格波动周期，但综合来看，世界就是一个混沌系统。

能够帮助我们理解复杂世界的工具很多，"六力博弈模型"只是其中之一。现实怎么可能只有六种力量在博弈，那是亿万种力量的合集，好在主次有别，我们还是可以理解其中部分规律。没有人能精准预测未来，但作为有主观能动性的学习者，无论身处哪里，都能参与建构未来。眼观六路，耳听八方，理解快速变化的时代，努力做到游刃有余、从容不迫，是每一个终身学习者都可以实现的人生境界。

## 第三节
# 四业合体，六力归一，社群网络，终身成长

### 人生的意义，教育的目标

如果通用人工智能在智识方面全面碾压了人类，那人生还有意义吗？这绝不是危言耸听，从古至今，先哲圣贤已经对人类的灭亡进行过无数遍推演，通过宗教等方式为"人的意义"这类终极命题提供有限解释后打上封印，设定为普通人思考的禁区。

搞科技的人比较勇猛，每当获得重大进展，都会回到封印之地，试图跨越禁区的边界。预言AI的智能超越人类只是故事之一，还有用量子理论解释智慧起源，用人造子宫实现机器生育，用脑机互联实现数字永生，用基因编辑创造神人物种，或者通过时空穿越召唤地外生命，封印之地已经人满为患。有人相信世界就是虚拟游戏，所有人都是NPC（非玩家控制的虚拟角色），也有人认为人类只是文明传递者，正在加速冲刺，把接力棒交给碳硅融合的新物种！这些故事不仅能在电影中收获票房，部分已经是真正的科研课题。

"皮之不存，毛将焉附"，如果人类被征服或被消灭，人生没有了意义，我们讨论的"职业"和"教育"也就更没有意义了。

现实还不算太悲观,但肯定也乐观不起来,越来越多的年轻人聚拢在"意义感"的禁区附近窃窃私语。7岁的儿童问家长"为什么要学习,不学不行吗?",18岁的少年问老师"为什么要读大学,不读不行吗?",25岁的毕业生问父母"为什么要工作,不工作不行吗?"家长和老师们当然可以斩钉截铁地回答"不行",但真的不行吗?不做会怎样呢?

我们日常学习的历史并不完全真实,那是极致浓缩之后的结果。文明之初至今,地球上大约存在过1000亿人类,就算我们熟知其中1000位伟大人物的精彩故事,那也只占人类故事的亿分之一,真实的历史其实极为寡淡!现代教育出现之前,无论东西方,文盲才是正常模式,人和很多低等生物的生命差别并不大,新陈代谢和繁殖就是全部的意义。生命其实很脆弱,无数意外都能轻松终结这个游戏,按照基因给定的剧本,活过四十岁就是人生赢家啦!

近两百年,政府和产业推动教育普及,经过十多年的持续学习,每个人都能成为知识分子,学科、成绩、专业、学历,最终转化为就业,让成年人在社会经济网络中找到自己的位置。绝大部分人都是文明的受益者,经过教育的大脑产生了"人生意义"的感受,正反馈带来强化,教育继续向着"就业"的方向前进,美哉美哉!

到了数字时代,问题来了。无论是通识教育还是专业教育,虽然能让人们的认知更丰富,但已经有人出现对人生意义的审美疲劳,时有时无,捉摸不定,这样的空心病似乎还有传染能力!

如果不能以人生意义为前提，再美好的教育情怀都会变得苍白无力。著名文化学者尼尔·波兹曼（Neil Postman）1985年出版的《娱乐至死》，至今仍让人感到振聋发聩，"不好玩，没意思"的生命状态，让人感到生不如死！

人生，没有一锤定音的意义；教育，也没有一劳永逸的目标。变革是肯定的，只是过程难以预测，与其等待教育体系的转变，不如每个人主动开启探索！

## 三项循环，四业合体，六力归一

无论是中华传统教育思想，还是著名教育家约翰·杜威（John Dewey）倡导的实用主义教育哲学，"学以致用"都是最坚实的指导原则，符合大部分人的常识认知。但常规的应试教育以"考"代"用"，不能说完全没效果，只是越来越低效，已经有点得不偿失。那该怎么办呢？

笔者在《超级AI与未来教育》一书中提出了学以致用教育理念的升级版，"问以致学，学以致用，用以致问"，这个"问－学－用，三要素循环"可以让教育的价值逻辑更完整（参见图7-1）。其实"提问"原本就存在，只是现代教育体系通过教纲、教材、教师等方式，由教育者前置设定了问题并且替学习者做了决策——不要问为什么，学就有用！

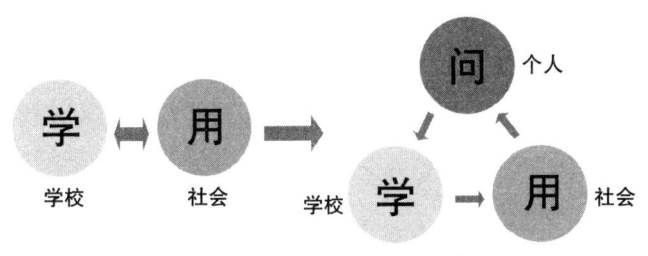

图 7-1　问 – 学 – 用，三要素循环

这种直截了当的模式效率非常高，当然也会削弱学习者自己提出问题的能力，而这恰恰是成年之后保持终身学习的钥匙，只有提问才能打开学习之门。AI 的出现正在倒逼人们重新重视提问能力，很多人赞叹 AI 很强大，但就是觉得用不上，因为不知道该问什么。人生的意义，真正有效的表达方式或许不是确定的表达，而极可能是问题或者课题！

我们能够基于"三要素循环"改造教育吗？目前条件还不成熟，以就业为导向的教育策略实在太强大了。"问以致学"和"用以致问"，看起来简单，如果没有经过刻意训练，想提出高价值的问题，其实并不容易，研究生如此，高职学生如此，更不用说中小学生了。

坦然面对，人生不只有就业，还有更丰富的意义和锚点。就像前面提到的"四业教育"模型，基业、学业、事业、趣业都是每个人的真实需求，将一条路开拓为四条路，完全可以并行不悖，在各个方向践行"问以致学，学以致用，用以致问"循环，不断积累可迁移的能力和经验，其中的趣业方向，或许就是最好的训练场。

综合运用"三要素循环＋四业教育",就足够了吗?逻辑上没问题,但巧妇难为无米之炊,实践还需要切实的教育资源。即使进入私立学校或顶尖大学,一个人也很难获得完整且高质量的教育供给,这对职业学校的学习者来说更是奢望。实事求是,这种基于终身成长建设的教育理念,本就不可能依赖单一学校模式获得完整服务,必须靠自己,也只能靠自己!

六力归一,学习者以自己为重心,吸纳来自不同力量的养分。这不是"聚六种能量"的狂妄,也不是"集万千宠爱"的自私,而是生命原本的样子,来于自然,复归自然。这也是教育原本的样子,每个人都会受到这些力量的影响,只是浑然不觉而已。六种力量都不提供使用说明书,善恶混杂,风格迥异,科技看智力、政府多世故、产业讲利益、学校求秩序、玩家创机会,苏格拉底说"认识自己",王阳明说"致良知",最终归一就是每个人自己的修行。

三项循环、四业合体、六力归一,实践的秘密只有一个,就是"主动"!主动思考四种人生之业,主动统筹六种社会之力,主动提出问题,主动学习成长,主动实践运用,历经千锤百炼,人生的意义就在自己手中逐渐清晰起来。意义感到底是强还是弱,自己最清楚,无论别人怎么说,人生就要这样过,我命由我不由天!

## 终身成长社群网络

学校是现代教育最核心的解决方案,对所有学习者而言,除了安全的环境、丰富的课程内容,最关键的就是获得两种社会关系——师生关系和同学关系,构成了学校生活的主旋律。

师生关系是基础,无论生师比是 5∶1 还是 20∶1,老师都会天天见。连续十几年的经历,很容易让人产生错觉,以为愿意教自己的老师不仅很多,而且很友善、很便宜,随时都在身边。现实很残酷,学生毕业离开学校,师生关系马上就会变得极度稀缺。购买便宜的大师网课,其实只能得到内容,想要和主讲者建立直接联系,其实相当困难。无论是企业内训、培训机构,还是重回学校读研,这些模式下的师生关系不仅松散,而且非常昂贵。师生关系就是这样,年少时不懂得珍惜,离开学校便后悔莫及。

同学关系是学校生活的主体,影响着每个学生的喜怒哀乐。有学校在高考前挂起横幅"提高一分,打败千人",这当然是事实,但也是现代教育最残酷的写照。无论同学关系多好,在考试、竞赛、升学、保研、求职、恋爱等场景中,同学就是赤裸裸的竞争对手。民间流传"四大铁"的说法,"一起同过窗"当然很重要,但从幼儿园到大学毕业,同班同学累积也就百人规模,而且绝大部分都会遗忘,进入社会后的所谓校友,往往只是拉近关系的由头。

在传统学校模式下,师生和同学关系最终都会以"**突变**"结束,让人感到强烈的失落感。企业的同事关系也类似,工作中形影不离,离职后便形同陌路。通过各种机缘结交的朋友,聊天吃饭一起玩很容易,却很难一起学习,并不是人性不爱学习,而是人们的休闲需求很相似，而成长需求千差万别，想把玩伴变学伴，概率实在太低。

希望自己成为一个终身学习者，理解三项循环、四业合体、六力归一这些字面道理很容易，实践中的困难其实很多。依靠自律长期自学，自己能做到吗？一个人走得快，一群人走得远，那群人在哪里呢？用AI辅助个性化学习，可以让一个人走得更快，难道做一个终身学习者，就注定孤独吗？

社会上已经出现了很多学习型社群，未来有可能还会出现一种新的组织形态，本书称之为"终身成长社群网络"，可以理解为学习型社群的平台聚合，也可以理解为社交网络在教育中的投射，或者理解为现代学校的未来版本。怎么解释不重要，具体形态或名称也不重要，核心在于提供了一种可靠的机制，让成年人可以比较容易地缔结同学关系并进入学习状态。

终身成长社群网络中最常见的运作模式很可能就是"共修小组"。发起人提出主题，吸引和自己有相似学习需求的伙伴，同学共修，互为老师，没有长期承诺，项目结束即终止。过程中没有旁观者，每个人都会参与其中，输出倒逼输入，恰恰就是诺奖科学家理查德·费曼（Richard Feynman）所倡导的最高效学习方法。费曼学习法虽然简单，但在传统教育体系里要找到愿意听自己讲的人并不容易，共修小组就解决了这个问题。

强调共修，弱化教育者的责任，降低学习者的经济压力，而且符合数字科技的发展方向；自愿结伴的短期社群，让同学关系更纯粹，也符合社会组织的演化趋势。在校学生，尤其是职校的学生，可以通过这种网络更早地接触行业人士，实现跨年龄、跨角色的社交，对他人有益，更为自己的事业积蓄能量。我们在第四章第三节谈"超创型企业的职教基因"，还留下一种类型没有讲，答案就在这里，"弱力＋弱关系"已经不属于企业模式，而是社群的形态。

事实上，这样的共修社群组织已经以私董会、读书会、兴趣群、俱乐部、搭子小组、互助社团等方式存在，只是网联效率还比较低。终身成长社群网络，建设起来当然不容易，需要克服非常多的障碍，有技术的、商业的、社会的，当然还有对人性的挑战。

终身成长社群网络，并不排斥传统的学校教育和家庭教育，而是极为有益的补充，让原本模糊的社会教育有了清晰的表达形式。学生离开学校，继续保持在学习者网络当中，根据社会角色修行自己不同方面的业力，将提出的问题转化为学习主题，收获来自不同方向的启发和资源。每个人的社会角色分分合合，参与的社群小组合合分分，终身学习者相互赋能，成为时代发展的建设者，聚是一团火，散是满天星，成长的能量如此闪耀！

学习共修小组，目前的数量还不多，终身成长社群网络，现在还只是想象，如果在数量、频率、深度、共识、价值观等方面不断积累，突破某个未知的阈值，或许就会涌现成为新的社会大趋势。从量变到质变，物种的演化、文明的进步、AI大模型的突破案例我们已经知道很多，终身成长社群网络的故事，会是未来教育变革的重心吗？值得想象，更值得实践！

# 第八章

## 职业教育的全球机遇与中国叙事

## 第一节
## 国际视野：职业教育的机遇

### 国际关系→职业教育

中国现代职业教育，从起步开始的每一步重大发展都与国际时政息息相关，从救亡图存到大国工匠，从自立到自强，将外部压力转化为内部动力，似乎是隐含其中的主旋律。我们理解职业教育，永远不能脱离国际政治经济的大背景。用六力博弈模型拆解国际关系和职业教育，虽然不严谨，但至少是一种有益的参考。

"二战"之后的几十年，算是人类有史以来最和平的时期，战争伤亡人数的占比非常低，和交通事故相比简直不值一提。国际政治博弈的重心不是军事，而是经济、金融、商贸、科技等方面。相对平稳的政治环境，旺盛的市场需求，为职业教育发展创造了空间，成绩不好也能上学，毕业还能找到工作赚钱，世界多么美好啊！故事当然不会这么简单，我们需要清醒，绝大部分工作其实根本不需要这么多年的教育作为支撑，高昂的教育成本最终还是会传递到社会层面。如果有越来越多的青年人不能运用所学创造社会价值，背后肯定蕴藏着绕不过去的危机。

商业资本对成本最为敏感，全球制造业的重心从欧洲到美国,再转至亚洲,如今开始流向东南亚和南亚地区,人力资源价格是主要推动力。与此同时,政治力量也在推动产业的流动,紧张的中美关系牵动全球产业链,美国强调制造业回流和"友岸外包",中国则鼓励企业出海。世界各地的职业教育都要经受这种市场巨变带来的考验,机会与风险并存。

科技本身就是一个无国界的广场,全球科研者同台起舞。有人分析中美科技企业的特点,中国创业者更喜欢2C类型的项目,人口规模加上商业模式创新很容易获得资本的青睐,而以硅谷为代表的美国创业者更倾向于2B类型的业务,牢牢抓住降本增效的需求开发数字工具,搞出很多创新突破,其中就包括人工智能和机器人。每次2B类型的科技创新,其实都意味着某些职业教育的内容将失去价值,或者需要进行重大调整才能符合未来的需求,职业学校要建立快速反应机制才能跟得上科技进步,这确实非常具有挑战性。

国际关系会直接影响教育生态玩家的业务。欧盟在课标、教材、能力测评、职业认证等很多领域都开展跨国协作,直接影响学校的教学。有些国家来不及培养足量的职业劳动者或者财务上不划算,政府就会有针对性地给出工作签证或移民政策,这也会直接影响本国的职业教育布局。与引入移民相对应,对外职业人才输出也是某些国家创汇的重要途径,比如菲律宾的家政服务、前面提到的印度IT人才培训都是典型案例。近十年来,国内一些实力较强的职业学校开始招收国际学生,甚至开办海外分校,不仅是呼应政府倡议,更是积极探索中国职业教育的国际化发展。

国际关系对中国职业教育还有一层特殊的影响，由于很多职教学生渴望摆脱学历歧视的窘境，有些人会选择海外留学或中外联合项目提升学历。整个领域鱼龙混杂，是快速发展必然会出现的问题。站在学习者视角，虽然成绩比较差，但寻找信息差，合法取得更高学历，甚至实现逆天改命，何尝不是值得称赞的人生成就呢？

## 职业教育→全球趋势：挑战和机遇

国际关系对职业教育的影响强烈且深远，那反过来，职业教育又能对全球趋势产生怎样的影响呢？常规而言，职业教育在教育圈里就比较弱势，放在全球故事里更是可以忽略。但如果认定"职业教育者难以影响全球趋势"，那就错了，把句式改为疑问句——"职业教育/职教学校如何建立全球影响力？"，更容易发现新的机遇。

很多只有三五人的初创公司都敢于树立改变世界的宏大目标，很多职业学校坐拥数千乃至数万的青年学习者，却把头埋得低低的，不敢远虑，全是近忧。想要成为时代的"主角"，并不意味着要站在权力中央，而是首先成为"主动的角色"。

职业学校要想建立全球影响力，核心策略是呼应时代级的重大挑战，主动参与解决重大难题！发挥学校的组织力量，预判学生和时代挑战之间的未来关系，通过教学改变青年学习者的观念，间接促进社会发展。这样的课题有很多，比如充分就业与经济发展、宗教与族群冲突、贫富分化矛盾、心理健康、家庭关系、人口危机与老龄化趋势、数字服务业创新、能源转型与环境保护等。除了常规的专业知识和技能教学，还应该把这些重大课题融入教育责任中，促进不同院系专业之间的交流，让学习者们都能充分意识到这些重大课题的现状和趋势，在他们的事业想象里埋下种子，静待花开！

科技创新突破是顶级高校和科研机构擅长的领域，职业学校确实很难模仿，而科技应用创新则是职业教育可以深耕的方向，科技成果就在那里，应用不难，难在创新。鼓励在校学生创业就够吗？很好但肯定不足，这种策略的覆盖面其实很小。引导学生们综合所学，运用想象力描绘未来社会与未来产业，从事业高度表达自己与未来科技的关系，应用型创新的要素就会自然萌发。至于最终能否梦想成真并不重要，通常已经超出了职业学校的影响力的范畴，但梦还是要做的，有条件更要折腾一番，万一实现了呢？

就业是职业教育的价值根基，当前某些职业学校的就业率甚至比普通高校表现还好，但显然不能太乐观，失业的挑战始终在那里。失去工作不可怕，失去事业之心更糟糕，可以未雨绸缪，让在校学生前置思辨未来的事业挑战，这也是职业学校积极主动建立未来影响力的举措。

再比如"生育与人口危机"，本质是信念和教育的问题，不是养育成本高从而遏制了生育意愿，而是学校教育没有让青年人树立健全的家庭和婚育观念。成家和立业,两个课题的难度不分伯仲,不系统地学习就只能在低层次徘徊。职教学校为"立业"匹配了系统化解决方案,"成家"却被严重忽视,要建立完整的教学体系确实不容易,且不论效果如何,至少应该启动了!

最难的课题或许还是人工智能带来的挑战,形势比人强,没有人能够独善其身,也没有学校可以置身事外。如果"无用之人"的预判不是危言耸听,那"无用之职业教育"就是自然的推论,如何应对?传统的知识和技能教育,怎么看都太保守,不同职业受影响的程度,不过是五十步笑百步的区别。驾驭 AI 工具实现高质量就业对大部分人而言并不轻松,当前职教学校的准备程度显然不能满足需求。怎样的教育体制能够帮助人们应对如此高级别的挑战,乃至在更高维度上化解危机呢?过去主要靠宗教,未来呢?根植于现实而超越现实,从职业到事业再到诸业合一,或许是世俗文化下最值得探索的道路。

文明如何演化,全球的政治、经济、宗教、文化会呈现出怎样的变革,每个人都可以想象,但最终一定会超越我们的想象。未来的职业教育,未来的新质学校,到底承载怎样的社会课题,显然没有一定之规,最终肯定会有一部分人的探索,引领着全球职业教育的发展。那会是谁呢?

## 第二节
## 中国职业教育的未来叙事

### 选择,讲好中国故事

从教育大国到教育强国,是中国教育未来叙事的基础脚本。我们可以品味"大"和"强"这两个字的微妙差异,运用连接主义思维还能挖掘出更丰富的解读,但真正的故事不会受制于概念本身,而是反过来,让真正的实践为这两个词提供更丰富的内涵。

中国教育的发展,是中国大国崛起整体故事的关键篇章。著名投资人瑞·达利欧(Ray Dalio)在《原则》中提出了一个理解大国兴衰的模型,教育不仅是八项决定性因素之一,而且是最前置的因素。逻辑不难理解,教育的地位决定了人才的数量和水平,有了坚实的人才基础,其他维度的崛起才能讲得通、走得顺!

改革开放之后,中国留学生成为欧美顶级名校的强有力竞争者,经合组织开展的PISA测试也侧面证明了中国基础教育的优势。但这并不意味着已经全球领先,低效内卷是困扰中国基础教育的重大障碍。清华大学钱颖一教授更是痛心疾呼"人工智能将使中国教育的优势荡然无存",所指主要就是基础教育。现实很有趣，拥有深厚市场经验的中国教培公司开发的 AI 教辅工具首先风靡海外，比如 Question AI、Answer AI 和 Gauth AI，名字连起来就是"拍问题、得答案、超越高斯"，这是要把全球中小学生都卷起来的节奏！无论如何，基础教育的特点就是"基础"，过度比较国家之间的优劣意义很有限。

高等教育的竞争更加直接且激烈。中国大学在全球的排名稳步上升，只是尚未进入前十名，虽然中国研究者发表的论文总量已经居世界第一，但在诺贝尔奖、菲尔兹奖、克拉福德奖、沃尔夫奖、图灵奖等重量级榜单上，依然鲜有中国学者的名字。与此同时，拔尖学生仍以出国留学为荣，国内高校也仍以招聘海归学者为耀，尖端科研与先进制造还有很多卡脖子的问题，这些都是客观事实。即使清华、北大挤进了全球前十，有多位科学家拿了诺贝尔奖，也只能证明中国高等教育与科研的力量进步明显，而不能证明已经领先全球。

那么问题来了，中国如何才能成为名副其实的"教育强国"呢？这个问题可以拆成两个部分。首先，中国教育首先从哪个领域实现全球领先？其次，如何衡量中国教育的地位？领域的选择可以是基础教育、高等教育、学科竞赛、教辅工具等；衡量方式可以选择 PISA 测试、学校排名、获奖名单等。但综合而言，这些都不是非常优质的选项，要么太偏颇，要么价值有限，要么难度太大。

职业教育，或许才是中国未来教育叙事的最优选题，目标成为全球职业教育发展的引领者，是中国真正成为教育强国的标志。职业教育的衡量标准显然不是考试成绩,也不是学校排名,而是综合考量的社会贡献程度,不仅指职业教育对产业发展的贡献,还有对社会的综合贡献,更是指中国对全球职业教育发展的贡献。改革开放四十多年,中国逐渐成为全球发展的核心发动机之一,但教育领域与全球教育交流合作的广度和深度还非常有限,职教出海的序幕才刚刚拉开。以未来职业教育探索为契机,树立更高目标,肩负更大使命,效果肯定比关起门来自己探索会更好!

这里似乎存在着某种悖论,职业教育在国内尚且不受待见,如何成为全球领导者呢?深度思考就会发现,这恰恰才是机遇!虽然学术导向的普通教育最终也要就业,但社会区别对待普通教育和职业教育确实有一定的道理,套用普通高校的评价模型发展职业教育,积累下来的问题确实很多。跳出泥潭、放下包袱、切换方向、变革标准,中国的职业教育不仅有巨大的发展空间,更有成为全球领导者的天时、地利与人和!

天时:以人工智能为标志的第四次工业革命刚刚起步,必然对全球产生深远影响,职业教育在科技和产业力量的冲击下,必然出现颠覆性变革,如何应对挑战是全球都需要面对的课题。重新洗牌,同步起跑,还没有哪个国家已经探索出行之有效的应对方案,中国可以主动把握这样的时代机遇!

地利:虽然现代职业教育体系源自欧洲,但在数字科技、创新活力、内部团结、区域战争等方面遭遇阻碍,欧盟显然已经无力推动职业教育模式的突破。美国的普通高等教育确实非常强大，但产业结构已经脱实向虚，同样难以肩负起职业教育变革的重任。中国拥有全球最完整的产业布局，这项优势极为重要，几乎是全球唯一。中国政府也有推动职教变革的强烈意愿，开启举办世界职业技术教育发展大会，就是国家立下的雄心壮志，舍我其谁！

人和：职业教育对应着人的世俗化需求，与政治体制、宗教、意识形态的关联度相对非常弱，中国不仅没有历史包袱，东方文化也更鼓励个人的建功立业。探索"四业教育"新结构，基业、趣业充分尊重本地特色，学业、事业追求全球互通，实现充分的兼容与灵活。由于人口基数庞大，学习者类型众多，学校与学习型社群的治理经验也会很多元，更容易复用到其他睦邻友好的国家和地区。与此同时，中国职业教育生态玩家也很积极，尤其在数字工具与服务方面具有鲜明的优势，为职业教育探索提供保障和活力！

天时、地利、人和，中国职业教育的未来叙事正在慢慢展开，谱写中国教育强国之路最精彩的篇章。前面的道路肯定不会一帆风顺，但求步步为营，中国发展，全球更新，各美其美，美美与共！

## 提问，创造即永恒

最后，我们围绕"中国职业教育未来叙事"这个话题，呼应每个章节的内容，提出一系列有趣有益的问题。问题与正文内容若即若离，无须直接回答，甚至无须深度思考，就像远远落下一颗闲棋冷子，和时间做朋友，或许能在未来某个时刻展现出意义，"如其不遇，没身而已"！问以致学、学以致用、用以致问，一本书可能会回答一些问题，但如果能激发出更多有益的问题和思考则会更有价值，提问即创造，创造即永恒！

# 第一章 职业教育的时代境遇

**第一节 新质生产力：连接主义下的结构洞**

政府会阶段性地创造出新概念以呼应社会变化，把握这些新概念是理解时局和趋势的捷径。运用连接主义和结构洞思维，这些新概念有怎样的内在机理？职业学校应该如何做，才能既保持自身教育理念的连贯性，又能及时呼应新概念带来的新需求？

**第二节 职业教育，不是教育**

如果清政府在1840年鸦片战争后就快速启动教育改革，融入科技与工业革命的时代潮流，需要完全废除科举制吗？变革路径会如何？科举和现代教育体系是否存在兼容并蓄的可能性呢？这个假想对当今有怎样的启发？

**第三节 超越困境的工具：六力博弈模型**

六力博弈模型充其量只是定性的表达，而且相当模糊。如果希望对"职业教育生态博弈关系"建立一个可量化，可以进行参数计算的数理模型，会有怎样的思路？需要涉及哪些维度？如何建立衡量指标？通过计算得到的推论，将会如何作用于真实的教育实践？

# 第二章 神奇——科技的力量

## 第一节 科技@职业教育：认知选择

职业技术教育中的"技术"，并不特指科学技术，也包含社会学意义上的能力，形成文理科的分野。人工智能的发展会对这种差异化的学科认知带来怎样的影响？会引发中高考学科模式的变革吗？畅想20年后的高考，对比今天可能会有怎样的显著变化？

## 第二节 科技不仁，以人类为刍狗

论文期刊的集团化和资本化让科研工作者怨声载道，以arXiv为代表的开放平台快速崛起。未来可能会有更多论文既不是真人写的，也不是写给真人看的。目前，已经有极少数企业尝试主动放弃对专利的权益诉求。学术共同体和专利制度作为科技发展的基石，未来会如何演化？高等教育与科研工作者对世俗名利的追求与衡量，还可能出现哪些新的价值锚点？

## 第三节 智慧的能量：新质·职业教育的价值格局

本章阐述了人工智能、虚拟仿真、脑机技术、量子计算、绿色能源等自然科学技术对职业教育带来的变革，但几乎没有提到社会科学发展带来的影响。你认为未来二三十年，社会科学领域会出现哪些重大的变革？对职业教育会产生怎样的影响？

## 第三章 权衡——政府的力量

### 第一节 政府如何对待职业教育

2023年底，新当选的阿根廷总统哈维尔·米莱推动政府改革，其中包括撤销教育部并大幅降低政府对各类学校的管理深度。如何理解这样的政治倾向？政府会完全放弃对教育生态的治理吗？如果方案落实，阿根廷政府对职业教育的影响力会有怎样的变化？职业教育生态的博弈格局可能会出现怎样的变化？

### 第二节 专业≠就业≠职业，权衡的艺术

就业率是政府评估高校和职业学校的重要指标，但该数据受多种因素的影响，可信度和价值度已经严重受损。能否设计出一种或一组新的指标，以评估学校教育与市场需求之间的关系？该指标是否有助于学校持续优化教育质量？如何保证数据的真实性和准确性？文中提到的"教育数字货币"概念，如何在现实中进行试验？

### 第三节 政府·科技，新质职业教育的可持续之道

科技原始创新主要依托重点高校与科研机构，职业学校

很难获得展现的机会。文中提出通过"科幻教育"提升原始创新能力，如何在职业教育中进行实践？投入与产出如何衡量？如果你是某地主管职业教育的官员，会制定出怎样的政策？如果你是某职校主抓教育创新的分管领导，会推动怎样的实践？

## 第四章 超创——产业和企业的力量

### 第一节 产业的根，企业的命，职业的魂，教育的痛

某大型民营企业做出一笔千万级的预算用于教育公益，你是方案设计者，要在农村基础教育、高校科研、职业教育三个方向中进行比较。你认为不同方向对企业的意义分别是什么？如果最终选定职业教育方向，如何设计才能兼顾企业的需求和教育的价值？

### 第二节 OpenAI、英伟达与胖东来：超创型企业的崛起

以新东方、好未来为代表的教培企业，还有众多民营职业教育学校，如何深度解读这些机构的教育属性和商业属性之间的关系？与本节中的案例对比，这些教培机构具有"超创性"吗？如何让教培机构具有更丰富的超创特征？

### 第三节 产教竞合，新质·职业教育的新游戏

中国的职业教育优先隶属于教育范畴，而德国的职业教

育首先考虑其经济属性。你认为这两种治理策略有何异同？孰优孰劣？还可能存在其他的模式吗？政府视角下职业教育的特定属性，会对"产教关系"带来怎样的影响？

## 第五章 纵横——生态玩家的力量

### 第一节 职业教育生态玩家的群像

文中第一小节列举了近20种职业教育生态玩家的业务类型，能否列出更多？它们在职业教育生态中的影响力如何？从身边熟悉的机构入手，尝试分析生态玩家的商业模式和运作特点？它们如何应对教育市场的变化？能否归纳出一个解析职业教育生态玩家业务特点的框架模型？

### 第二节 奥林匹克精神与游乐场门票

曾经有人尝试将区块链技术应用于学位学历证书、技能证书的防伪验证，你认为其业务的社会价值和市场价值如何？证书和能力的匹配度会因AI科技的介入而提升吗？除了证书，表达职业能力素养程度的方式还有哪些？展望未来数十年，还会出现新的模式吗？

### 第三节 失控的活棋：新质·职业教育的生态治理

对于联合国教科文组织，你认为将教育、科学、文化三者合并会有利于教育的发展吗？在政府部门结构里，教育时而独立存在，时而与科技、文化、福利、卫生等主题捆绑，你认为哪种设置最合理？与国情的匹配关系如何？行政单位的设定机制会怎样影响职业教育的发展？对不同类型的生态玩家有怎样的利弊影响？

## 第六章　厚载——学校的力量

### 第一节　义利之辨：未来职业学校的价值模型

随着中国人口结构的变化，职业学校的存续和盈利会面对怎样的挑战？以职业教育为主的公司在资本市场的长期表现会如何？呼应"义利融合、事业教育"的理念，未来会出现有别于传统职业学校的新型教育机构吗？可能会是怎样的运作模式？

### 第二节　基于"四业教育"的"事业教育"

职业教育学校和事业教育学校有本质不同吗？职业学校是否可以逐步演化为"事业教育"乃至"四业教育"型的学校？如果你是某职业学校的校长，希望推动变革，在管理、师资、教学等方面需要做怎样的调整？转型期需要多久？关键挑战会是什么？

### 第三节　新质·职业学校：连接主义下的结构洞

假设已经出现新质职业学校的样板校，该模式能否普及？运营新质职业学校所需要的资金主要来自国家、产业还是家庭？你认为未来新质职业学校倾向于大而全还是小而美的模式？以学生数量为指标，最适合的规模是什么样？

## 第七章　分合——学习者的力量

### 第一节　天生弱者 vs. 终生强者

在学校语境下，要求用"学习者"替代"学生"概念，教师对此的态度会怎样？这种调整是否存在反对者，为什么反对？假设某学校推广使用学习者表达，但没有对管理机制和教学模式进行调整，这种情况是否会改善学习者的心态和学业效果？

### 第二节　新质生产力之源：超级个体

清北学霸、高考状元、竞赛金牌，这些传统教育模式下的优胜者都是零和竞争的结果。运用"把自己当作公司"的思维模型，培养超级个体，也是有比例限制的零和博弈吗？那些传统的优胜者还有优势吗？学生之间的竞争关系会有怎样的变化？

### 第三节　四业合体，六力归一，社群网络，终身成长

每个人离开学校后都会保持学习成长，你的成长主要集中在哪些领域？依托怎样的组织获得支撑？学习投入的成本

与结果收获如何？学习过程中的感受如何？是否对比过不同学习模式之间的差异？你当前的学习模式，是否能支持10年或20年之后的自己？

## 第八章 职业教育的全球机遇与中国叙事

### 第一节 国际视野：职业教育的机遇

有专家预判，未来几十年的国际关系主基调会从"全球化"向"区域化"转变。假设如此，职业教育的发展会受到怎样的影响？面对人工智能带来的挑战，你认为现有职业教育体系中最需要关注的问题和最可能的机遇分别是什么？哪些国家是受益者，哪些是损失者？

### 第二节 中国职业教育的未来叙事

近些年，中国政府官员多次提及"职业教育出海"的话题。如果你是非洲某个不发达国家的教育官员，会怎样看待中国职业教育的国际政策？如果你是欧洲某个发达国家的教育官员，又会有怎样的观点？如果20年后，你成为一名资深的教育记者，要为中国职业教育的国际探索之路写一本传记，会从哪里开始讲起呢？

# 专家推荐

《新职力：塑造未来新质职业教育的六种力量》以独特的视角和表达方式，深度探讨了未来职业教育的使命、责任与发展趋势，为我们提供了丰富的启发，值得一读。

——陈昌智 全国人大常委会原副委员长，
中华职业教育社原理事长

职业教育不仅是培养劳动力的手段，还应关注学生个体价值的实现，并提升其职业追求的层次。全社会需要转变对职业教育的态度，学校要加强与企业的合作，增加资源配置，提高教育质量，积极发展综合高中，更要让普通高等教育与高等职业教育互相衔接，互相沟通，为学习者提供更多教育选择，体现终身教育的精神。

——顾明远 著名教育学家，北京师范大学资深教授

习近平总书记在全国教育大会上的重要讲话，明确指出了教育强国的六大特质，系统阐释了教育强国的科学内涵，体现了我

们党对中国特色社会主义教育事业发展规律和教育强国建设规律的认识达到了新的高度。我曾应邀在《中国教育报》发表《深刻揭示教育强国的科学内涵》一文，谈了些对我国教育由大变强系统性跃升和质变的体会。而五位跨界人士合著的《新职力：塑造未来新质职业教育的六种力量》一书，以新视角、新理论思考未来职业教育，挖掘不同角色的产业价值和转型方向，揭示了职业教育对于现代社会的独特价值，对加快建设现代职业教育体系应有裨益。

——曾天山 教育部课程教材研究所副所长，
中国职业技术教育学会常务理事

职业教育是贯穿社会经纬的主干线，蕴含着所有的教育精髓。数字科技促其发展，产教融合至关重要，满足经济需求，契合个人成长，这恰好呼应了作者在书中提到的"事业教育"。在教育综合改革中，职业教育是重点，其实践更应成为数字时代教育形态变革的亮点。

——李志民 中国教育发展战略学会副会长
兼人才发展专业委员会理事长

这个世界会好吗？就业状态是大部分人感知社会冷暖、定义人生成败最直接的方式，但人工智能、生物技术、量子计算等前沿科技正在联合起来重塑全球产业格局，就业市场已经开始剧烈震动，职业教育的变革还会远吗？向未来提问，我们需要重新理解"职业教育",而这恰恰就是这本书的立意之所在。

——**段永朝 苇草智酷创始合伙人,**

**信息社会 50 人论坛执行主席**

艺术专业教育更接近职业教育,审美素养才是真正的核心,职业教育也不能缺失审美的元素。但实践中存在的专业壁垒和城乡差异,仅仅依靠教师的力量显然不够。从学校艺术教育到社会美育,必然要融合更多社会力量,而本书恰恰提供了理解这种复杂局面的方法。回归本质,艺术教育不仅要有知识和技能,更要能启发人们的思维与心灵。

——**李睦 清华大学教授,清华美院社会美育研究所所长**

教育对我而言就是终生耕耘的事业,深知变革之难,这不仅需要学校锐意进取,更需要全社会力量的参与。尤其在职业教育领域,数智化产业转型需要与时俱进的人才,只有在职业生涯中持续学习才能成为这样的人才。我们聚合专家学者,引领企业开展全员阅读,推动实现全民阅读,通过阅读开启每个人的终身成长,这样的实践与作者在书中阐述的职业教育未来趋势不谋而合。

——**陈明亮 光明世界阅读行动发起人,**

**中国社科全民阅读促进委员会执行会长**

新技术革命突飞猛进,人工智能势不可挡,把人类带入智能时代。职业教育如何应对时代挑战,推进职业分工的均衡变革,实现人的自由和全面发展，无疑是一项复杂的课题。智能时代的职业教育，需要努力把握时代特征、发展趋势和运行规律。除了注重传统的知识积累，更需要在道德、智力和动手能力的培养上有所突破，适应时代要求，推进社会发展。人们也能在这个过程中充分享受智力、体力和心灵协同发展所带来的愉悦。《新职力：塑造未来新质职业教育的六种力量》一书分析了智能时代职业教育发展趋势和特征，提出了诸如"终身成长社群网络"等新概念。细读此书有助于开拓视野，把握智能时代的大势，对如何应对挑战采取积极措施带来启示和思考。

——陈剑 经济学人，国智书院特约研究员，

中国民营经济 50 人谈成员

在这本充满前瞻性的著作中，作者深刻剖析了职业教育与新质生产力之间的紧密关联，并深入浅出地将这六种力量与职业教育实践紧密结合，为我们展现了一条通往未来职业教育成功的清晰路径。阅读《新职力：塑造未来新质职业教育的六种力量》，让我们一起解锁未来职业教育的金钥匙，创造更加辉煌的中国职教新蓝图！

——范利平 河北省张北县职教中心校长

与未来 AI 时代提出的挑战相比，我们的教育理念和教育体系已经远远落在了时代后面，被时代抛弃是必然的结局。职业教育如果只训练学生掌握一项技能，将来找个饭碗，那在科技创新

摧枯拉朽的时代绝对是过时的理念，完全无法适应未来的社会。只有激发和培育每个学习者的好奇心，让他们养成自主探究和学习的能力，能在开放的环境里发现、分析、定义和解决不确定性问题，才具备在 AI 时代基本的生存竞争力。

——冯新 碳 9 资本创始人

在新质生产力的浪潮中，职业教育的角色和功能正经历着深刻变化，迎来前所未有的变革。《新职力：塑造未来新质职业教育的六种力量》一书，以其深邃的洞察力，为我们描绘了职业教育的新蓝图。书中提出的"职业教育六力博弈模型"，不仅为我们理解职业教育的复杂生态提供了新视角，也为职业教育的实践者和政策制定者提供了宝贵的理论支持。

——贾振丹 中华同心温暖工程基金会初心基金联合发起人，
中国广告协会数字元宇宙工作委员会秘书长

新质生产力呼唤新质职业教育。本书作者运用全新视角——"职业教育六力博弈模型"，描绘未来职业教育新形态及发展趋势，主要体现为三个本质转变：从教育目标看，新质职业教育是从"传统职业教育"向"事业"教育升格；从教育生态看，新质职业教育是由"政府、产业和企业、学校"向"科技、政府、产业和企业、生态玩家、学校、学习者"扩充；从产教关系看，新质职业教育是由"产教融合"向"产教竞合博弈"转变。

——廖国琼 江西旅游商贸职业学院校长

**新职力：** 塑造未来新质职业教育的六种力量

中国经济正经历百年未有之大变局，新质生产力成为经济发展新趋势，职业教育作为新质生产力建设的核心助力日益凸显其社会价值和经济价值。《新职力：塑造未来新质职业教育的六种力量》一书用六维度模型较好地呈现了职业教育生态全貌，展望了新质职业教育发展的未来，让读者能够快速且全面地了解职业教育的现状和趋势，对职业教育从业者和关注者而言是一本很有价值的参考书和工具书。

——**孟庆军 多鲸资本合伙人**

《新职力：塑造未来新质职业教育的六种力量》是一本深刻剖析职业教育未来趋势的力作。在新质生产力时代背景下，作者从六个维度，探讨职业教育生态的竞合关系和发展趋势，不仅提出了"职业教育六力博弈模型"，还融合了连接主义、博弈论等理论，为职业教育的制度变革提供了新思路和新方法。这本书是职业教育从业者、政策制定者以及对教育创新感兴趣的读者的宝贵资源，不仅提供理论支持，还启发实践创新。在教育与产业深度融合的今天，本书为我们理解职业教育的复杂生态和未来走向提供了全新视角。我把这本书强烈推荐给那些希望在快速变化的世界中把握职业教育脉搏的读者。

——**王磊 数据资产专家，教育产业投资人**

当今世界正在经历第四次工业革命，人类已经走进充满着不确定性的强 AI 时代，基于数据密集型的新质生产力将重塑生产关系，社会需求、分工与职业也随之发生重构。该书所提出的新质职业教育概念及其六种新职塑造力量，为理解与构建我国下一代科学教育提供了深度洞察与智慧启迪。在我国，实施新质职业教育的重要抓手是未来科创教育，其核心是创造思维培养。该书有利于重构我国未来职业教育、科创教育的课程与教学体系。

——项华 北京师范大学物理学院教授

本书为广大职业教育从业者的教育实践与创新提供了坚实的理论支撑和富有启发性的思路。无论是职业院校教师、管理人员，还是企业培训师、人力资源管理者，都能从本书中汲取宝贵的智慧。在当前职业教育改革的关键时期，本书的出版可谓正逢其时，为职业教育制度变革开辟了新路径，提出了新方法，为我们审视职业教育的未来发展提供了全新的视角。

——徐素文 厦门天度科技董事长

职业教育的发展离不开产业和企业的力量，除了传统的产教融合、校企合作、教育公益等形式，很多企业本身已经发展为教育型企业，培养与时俱进的拔尖创新型人才，是教育生态中最活跃的力量。企业家组织、创业者俱乐部、行业协会、产业联盟等商业社群都展现出强烈的学习型特征，同样也是职业教育发展强大的支持者与赋能者。

——徐远重 健康多多发起人，大三生集团董事长在奇点的曙光下，教育正面临一场前所未有的深刻变革。技术的指数级进步重塑了人类学习的范式，传统职业教育体系已经滞后于时代的步伐，难以适应"新质生产力"时代的复杂需求。《新职力：塑造未来新质职业教育的六种力量》一书精准地捕捉到了这一矛盾，通过"六力博弈模型"剖析职业教育生态，从科技、政府、产业和企业、生态玩家、学校到学习者的多维度互动，为突破这一困局提供了深刻的洞见和创新的路径。从碳基生命到硅基智慧的演化，从地球社会到跨星球社会的扩展，教育不再仅仅是传授技能的工具，而是决定人类如何与技术共舞、如何延续文明的核心。该书是一本面向未来、充满激情又极具现实意义的作品，我们需要一起思考，在技术、生态与人性的激烈碰撞中，教育将如何引领人类迈向未来？

——岳路平 太空艺术家与人工智能艺术家

以 AI 为代表的科技不可逆转的迅速发展，正在深刻改变人类未来的生活方式和职业格局。本书强调了科技的力量，特别是从小培育科技素养的意义和价值。无论学习者选择怎样的职业方向，科技素养都是基础性的、核心性的。这里所讲的科技素养，不仅指科学知识，也包括人文精神、理性与逻辑思维、创新实践等，突出 A-STEM，即人文引领下的诸学科融合。"三岁看大，七岁看老"，只有从学前阶段就开始重视科技素养教育，并与职业教育和高等教育形成自然的衔接，才能培养出新质生产力时代的合格人才。教育的本质是发现，即帮助每个孩子发现自己的使命，激发其内在的驱动力，实现真正的学习与成长，以及对社会的职业/专业服务与生命价值。

——邹晓东 上海师范大学教授，
中国 STEM 教育协作联盟发起人

当今，人工智能的发展已经促进了整个世界的教育体制的变革，旧种子无法培育出新型的秧苗，新型产业人才培养无法依托陈旧的教育模式。《新职力：塑造未来新质职业教育的六种力量》一书构建的"职业教育六力博弈模型"，无疑是职业教育在现代科学发展语境下的一幅清晰简洁的框架蓝图。

——朱允祥 美国玛赫西国际大学亚洲事务副校长